El
fruto eterno

Pequeña semilla - árbol frondoso

DARÍO
SILVA-SILVA

 **Vida**®

La misión de Editorial Vida es ser la compañía líder en comunicación cristiana que satisfaga las necesidades de las personas, con recursos cuyo contenido glorifique a Jesucristo y promueva principios bíblicos.

EL FRUTO ETERNO
Edición en español publicada por
Editorial Vida – 2005
Miami, Florida

©2005 por Darío Silva-Silva

Edición: *Anna M. Sarduy*
Diseño interior y de cubierta: *Grupo Nivel Uno, Inc.*

RESERVADOS TODOS LOS DERECHOS.

ISBN: 978-0-8297-3998-5

CATEGORÍA: Vida cristiana / Crecimiento espiritual

IMPRESO EN ESTADOS UNIDOS DE AMÉRICA
PRINTED IN THE UNITED STATES OF AMERICA

09 10 11 12 ❖ 8 7 6 5 4 3

DEDICATORIA

A tres granitos de mostaza:

Darío Llanos
Timoteo Espíndola
Martín Vargas

CONTENIDO

Advertencia (Siembra) 7

1 El fruto espiritual 11

2 El misterio del amor 35

3 La alegría de Dios 65

4 El milagro de la paz 91

5 El poder de la paciencia 117

6 El tesoro de la amabilidad 147

7 La luz de la bondad 169

8 El fuego de la fidelidad 187

9 La fuerza de la humildad 213

10 La voz del dominio propio...............239

Conclusión (Cosecha) 267

ADVERTENCIA
(SIEMBRA)

«Los árboles mueren de pie».
ALEJANDRO CASONA

Este libro no es una obra literaria elaborada, sino una trascripción textual de sermones sobre el fruto del Espíritu Santo, improvisados coloquialmente en el seno de una iglesia del siglo veintiuno y el tercer milenio. Mientras los predicaba, he visto a Jesús, rodeado de millonarias muchedumbres, recorriendo las calles de ese Jericó salvaje que es la Aldea Global; y he visto, también, al pequeño Zaqueo posmoderno subido al árbol del conocimiento del bien y del mal, tratando de divisar a Dios.

La raíz

Los orientales dicen que todo hombre debe hacer tres cosas en la vida: Engendrar un hijo, sembrar un árbol y escribir un libro. Las tres tareas son una sola: Un hijo es árbol y libro, un árbol es libro e hijo, un libro es hijo y árbol.

Engendrar es sembrar. Semen es simiente, semilla del árbol genealógico. Todo bebé que nace es un block de páginas en blanco que esperan la escritura. Título de la obra: La vida inédita.

El papel de los libros lo sacan de los árboles. La literatura es un bosque interminable de variadas especies. Escribir es engendrar y sembrar. Cada libro es un hijo que sale de las entrañas del autor. Editar es parir.

Los reinos de la naturaleza forman una trinidad: animal, vegetal y mineral. El hijo y el árbol son trinidades. Trinidad humana: espíritu, alma y cuerpo. Trinidad arbórea: raíz, tronco y fruto.

Para el panteísta, los árboles son dioses vegetales, seres divinos en sí mismos. En la mitología grecorromana están vinculados al culto de los dioses: el pino a Neptuno, el mirto a Venus, el laurel a Apolo, el ciprés a Plutón, el álamo a Hércules, el olivo a Minerva, la encina a Júpiter.

El árbol

En las Sagradas Escrituras los árboles y sus frutos tienen un rico simbolismo. El libro de los Jueces contiene una ingeniosa alegoría según la cual, un día los árboles quisieron ungir un rey de entre ellos.

Los más útiles rechazaron la corona y prefirieron servir a mandar: El olivo, del cual sale el aceite para la unción; la higuera, que produce fruto dulce y delicado; la vid, de cuyas uvas brota el vino.

La zarza, erizada de espinos y cardos, que no presta ninguna utilidad práctica y, más bien, causa heridas y urticarias, es el único árbol que acepta, con vanidad, ser el rey sobre el bosque. Varios siglos después, él daría la corona de espinas para la cabeza de Jesús.

El árbol ha sido cómplice del pecador desde el principio. El Génesis informa que, inmediatamente después de la caída, Adán y Eva "corrieron a esconderse entre los árboles para que Dios no los viera".

Cuando el YO SOY lo visita bajo el calor del día, Abraham invita a los tres ángeles a descansar a la sombra de un árbol. En Deuteronomio, Moisés ordena destruir los altares que las naciones paganas habían erigido a sus dioses "bajo todo árbol frondoso".

La justicia y la sabiduría son árboles de fruto deleitoso según el libro de los Proverbios de Salomón. En el Cantar de los Cantares, la novia juzga a su enamorado como "manzano entre los árboles del bosque".

Ezequiel habla de un río a cuyas orillas crecen árboles frutales que producen sanidad. Isaías –que fue surrealista dos mil seiscientos años antes de Apollinaire– anuncia que "los árboles darán palmadas de aplauso".

Juan nos informa que en el cielo hay doce árboles eternos que producen sendos frutos por cada mes del año. A veces me pregunto, con curiosa inquietud, ¿cuánto durará un año en la eternidad?

El fruto

La cruz surgió de un árbol; y, en ella, Jesús de Nazaret se extendió como puente de comunicación entre el cielo y la tierra, a través del insondable abismo del pecado, abierto cuando el hombre comió el fruto del árbol del conocimiento del bien y del mal.

Después de su resurrección, al regresar a casa en la ascensión, Jesús envió al Espíritu Santo. Él hace de los creyentes "árboles de justicia" que producen fruto de vida eterna. Tal fruto es el tema de este libro, un hijo más que hoy pongo a andar por el mundo. El libro es una trinidad que se forma de autor, contenido y lector.

Todo fruto es, también, una trinidad de corteza, pulpa y savia. El fruto del Espíritu Santo se forma de nueve capullos o gajos, clasificados en tres grupos de a tres, si desciframos bien a Pablo de Tarso:

El primero, mi relación con Dios: amor, alegría y paz.

El segundo, mi relación con el prójimo: paciencia, amabilidad y bondad.

El tercero, mi relación conmigo mismo: fidelidad, humildad y dominio propio.

Espero de corazón que la pequeña semilla de este libro caiga en tierra fértil y se convierta en árbol frondoso que dé fruto de vida eterna; y que ese fruto produzca semillas que se multipliquen en árboles capaces de reproducir nuevos frutos y semillas para nuevos árboles en el plantío del Señor.

A él sea la gloria.

1. El fruto espiritual

Les contó otra parábola: «El reino de los cielos es
como un grano de mostaza que un hombre sembró
en su campo. Aunque es la más pequeña de todas las
semillas, cuando crece es la más grande de las hortalizas
y se convierte en árbol, de modo que vienen
las aves y anidan en sus ramas».
MATEO 13:31-32

He aquí un principio básico del reino de Dios que, si se
lo aplicara realmente, traería gran abundancia en todas las
áreas de la vida. La frase de Jesús: La más pequeña semilla
produce la hortaliza más grande, nos enseña que el principio de la multiplicación opera de menor a mayor: de lo poco

sale lo mucho, de lo pequeño lo grande, de lo escaso lo abundante, de lo que no es lo que es. En el mismo orden de ideas, cada hombre es una obra maestra de Dios y funciona física, psíquica y espiritualmente; pero comenzó como una semilla diminuta llamada embrión en el vientre materno.

El propio Jesucristo aplica este principio cuando quiere alimentar a una multitud de cinco mil hombres, sin contar las mujeres y los niños. La única provisión disponible consiste en dos peces y cinco panes; y el Señor, lejos de lamentarse, dice: –Suficiente para mí, y procede a la multiplicación. ¿De dónde se produce esa enorme cantidad de comida? De una materia prima muy pequeña. Igual que el árbol y el hombre. Interesa tanto al Señor este tema que la Biblia está llena de ejemplos del mismo. Veamos algunos.

El árbol fue primero

El árbol está en la semilla, la semilla es un árbol en potencia; pero ¿al principio fue así? Hay una pregunta popular que se ha prestado a discusiones bizantinas, ¿qué fue primero: el huevo o la gallina? Este tema es hasta cierto punto razonable si se toma en cuenta que la gallina sale del huevo, pero el huevo sale de la gallina. De igual modo podría preguntarse: ¿qué fue primero: la semilla o el árbol?, pues sucede que el árbol sale de la semilla, pero la semilla sale del árbol. Sin embargo, la Biblia no deja lagunas al respecto:

> Y creó Dios los grandes animales marinos, y todos los seres vivientes que se mueven y pululan en las aguas y todas las aves, según su especie. Y Dios consideró que esto era bueno.
>
> Génesis 1:21

Este versículo contiene la clave del enigma popular; allí no se dice que creó Dios todos los huevos para que produjeran todas las aves, sino las aves para que produjeran huevos que produjeran más aves. Por lo tanto, la respuesta es muy simple y elemental: primero fue la gallina, después el huevo. Con la semilla y el árbol ocurre lo mismo:

> Y dijo Dios: «¡Que haya vegetación sobre la tierra; que ésta produzca hierbas que den semilla, y árboles que den su fruto con semilla, todos según su especie!» Y así sucedió. Comenzó a brotar la vegetación: hierbas que dan semilla, y árboles que dan su fruto con semilla, todos según su especie. Y Dios consideró que esto era bueno.
>
> GÉNESIS 1:11-12

La narración no dice que Dios creó semillas que dieran hierbas sino hierbas que dieran semillas. Y, por eso, podemos afirmar: primero el árbol, después la semilla. Dios no sembró semillas en la tierra recién creada para que produjeran árboles, sino puso árboles que dieran frutos con semillas que, a su turno, produjeran más árboles. Ahora bien, la variedad de los árboles sería objeto de estudio aparte. Concentrémonos en lo fundamental.

DOS ÁRBOLES OPUESTOS

El relato de la creación ofrece múltiples detalles que muchos pasan por alto, sin percatarse de su importancia y significado. Meditemos por un instante en uno de ellos:

> Dios el SEÑOR hizo que creciera toda clase de
> árboles hermosos, los cuales daban frutos bue-
> nos y apetecibles. En medio del jardín hizo cre-
> cer el árbol de la vida y también el árbol del
> conocimiento del bien y del mal.
>
> GÉNESIS 2:9

Hay toda clase de árboles en el Edén, pero en el centro del huerto que Dios entrega a Adán y Eva hay dos árboles especiales, bien señalados en la Biblia: el árbol de la vida y el árbol del conocimiento del bien y del mal, ambos fundamentales pero claramente diferenciados entre sí desde su propia creación. Dios ha autorizado a Adán a comer de todos los frutos de todos los árboles que hay en el huerto con excepción de uno: el del conocimiento del bien y del mal. ¿Cuál sería la sentencia si lo hiciera? La pena de muerte.

En el centro del edén hay, pues, dos árboles contrapuestos: el de la vida y el del conocimiento del bien y del mal; o tenías el uno o tenías el otro, pero no ambos. Aquel árbol del conocimiento del bien y del mal se convierte en el árbol de la muerte. Árbol de la vida y árbol de la muerte, una disyuntiva clara desde la creación humana. Dios toma precauciones ante Adán:

> No vaya a ser que extienda su mano y también
> tome del fruto del árbol de la vida, y lo coma y
> viva para siempre.
>
> GÉNESIS 3:22b

¡Qué tonto Adán! Yo, en cambio, soy muy astuto y habría comido del árbol de la vida. (No me hagan caso, hablo así solo porque ya conozco el resultado). El relato añade que Dios, entonces, expulsó al ser humano del jardín del Edén para que trabajara la tierra de cuya materia prima había sido formado. Pero:

> Luego de expulsarlo, puso al oriente del jardín del Edén a los querubines, y una espada ardiente que se movía por todos lados, para custodiar el camino que lleva al árbol de la vida.
>
> GÉNESIS 3:24

La policía de Dios, que son los ángeles, se encargará de que el ser humano no pueda comer del árbol de la vida porque, si comió del árbol de la muerte, ya no tiene derecho a vivir. Sellada toda posibilidad, vale la pena preguntarse: ¿El árbol de la vida dónde se encuentra hoy? La Biblia tiene respuestas a todas las preguntas:

> Al que salga vencedor le daré derecho a comer del árbol de la vida, que está en el paraíso de Dios.
>
> APOCALIPSIS 2:7b

Aquel árbol se hallaba plantado originalmente en la tierra, dentro de nuestro entorno ecológico, al alcance del ser humano; pero, tras la caída de este, Dios lo trasladó al cielo. La palabra paraíso no habla de un lugar terrenal, el paraíso está en el cielo; de otra manera, no nos explicaríamos cómo Jesús le dice al malhechor que se arrepiente en la cruz: –Hoy estarás conmigo en el paraíso. Es allí, pues, donde se encuentra actualmente el árbol de la vida; y, por cierto, aquel antisocial arrepentido come de su fruto eternamente.

De los dos árboles primordiales y contrapuestos que Dios puso en el centro del Edén, en la tierra sólo sigue vigente el del conocimiento del bien y del mal, que produce muerte. Por eso, durante la guerra civil española, el poeta Rafael Alberti describió la escena de un ahorcado que pudo contemplar de madrugada, al salir de una tasca madrileña:

La noche ajusticiada en el patíbulo de un árbol.

Ahora bien, tenemos prohibido el acceso al árbol de la vida, que está en el cielo; pero el Señor promete que el que persevere tendrá derecho a comer de su fruto por toda la eternidad.

Las dos semillas de los dos árboles.

Es obvio que todo árbol produce semilla y los dos del Edén no constituyen la excepción. Pero, ¿qué semilla produjeron? O acaso ¿la producen todavía? Es este un análisis que bien vale la pena intentar.

Pondré enemistad entre tú y la mujer y entre tu simiente y la de ella; su simiente te aplastará la cabeza, pero tú le morderás el talón.
GÉNESIS 3:15

La palabra simiente significa semilla. He aquí un dato importante: hay dos simientes, es decir, dos semillas, la de la serpiente y la de la mujer, y hay en constante actividad un proceso dialéctico entre ellas: luz y tinieblas, bien y mal, virtud y pecado, vida y muerte. En el curso de esa guerra, la semilla de la serpiente le muerde el talón a la semilla de la mujer, pero la semilla de la mujer aplasta la cabeza de la serpiente.

Este corto versículo contiene lo que los teólogos están de acuerdo en llamar el protoevangelio: La promesa divina de que un ser humano, alguien nacido de mujer, uno que sería semilla –o simiente– de la mujer, derrotaría a la serpiente. Ello nos permite entender algunas cosas: Toda la congoja humana, la enfermedad, el dolor, la miseria, la muerte, que vinieron por comer el fruto del árbol del conocimiento del bien y del mal, sería vencido por Aquel que aplastaría la cabeza de la serpiente, la semilla de la mujer que es Jesús de Nazaret, el Hijo de Dios que se hizo Hijo del Hombre al nacer de una mujer para poder ser su simiente. Digamos –al margen– que constituye un error doctrinario colocar a la virgen María, como aparece en un conocido icono, con una culebra debajo de los pies.

La Biblia no dice que la serpiente morderá a la mujer en el talón. ni que el pie de la mujer aplastará a la serpiente, sino que lo hará el Hijo –la simiente– de la mujer. La pelea no es entre María y la serpiente, sino entre la serpiente y Aquel que nació de María.

Abraham es un árbol

¿Han oído hablar alguna vez de los árboles genealógicos? Sí, desde luego. Un patriarca –uno solo– se convierte en el origen de una gran cantidad de gente: de él salen familias, clanes y, muchas veces, naciones. La palabra descendencia es sinónimo de estirpe; y estirpe significa raíz o tronco de una familia, es decir, en últimas, simiente o semilla, que en el latín es semen. Todos sabemos que Abraham fue probado por Dios al pedirle que sacrificara a su propio hijo; como él no tuvo vacilaciones ante esa orden, el Señor le prometió que, finalmente, todas las naciones del mundo serían bendecidas por medio de su descendencia, es decir, de su semen, de su simiente; y simiente, como ya lo hemos precisado, es semilla.

Por lo tanto, un árbol que es Abraham, produce una semilla que llega a ser el árbol Isaac, cuya semilla produce un árbol llamado Jacob, el cual –por su parte– produce doce semillas que son las doce tribus de Israel, un pueblo que todavía hace mucho ruido por todas partes porque es un bosque formado de muchos millones de seres humanos.

Bien mirado, el principio que Dios nos está enseñando por medio de su Espíritu habla de una proyección exponencial: Un grano de mostaza produce un árbol de mostaza; pero ese árbol no produce solo un grano sino muchos, cada uno de los cuales se convierte en un árbol que, a su turno, producirá muchos granos más, y así sucesivamente. Entonces, ¿cómo se concreta la antigua promesa dada a Abraham para toda la especie humana? ¡Se cumple en Jesús! Él es esa descendencia, simiente o semilla de Abraham que bendice a las familias de la tierra. Porque, según San Pablo,

> Por lo tanto, sepan que los descendientes de Abraham son aquellos que viven por la fe.
>
> GÁLATAS 3:7

Desde el punto de vista genético, en terminología humana se dice patriarca; en terminología zoológica, se dice semental, palabra derivada de semen o simiente. Pero no se olvide que existe una genética espiritual que se deriva de semen o simiente espiritual.

EL GRANO DE TRIGO

El grano de trigo es una revelación extraordinaria en la cual Jesucristo habla de sí mismo y nos permite profundizar este misterio divino que conmueve las fibras más íntimas del corazón:

> Ciertamente les aseguro que si el grano de trigo
> no cae en tierra y muere, se queda solo. Pero si
> muere, produce mucho fruto.
>
> JUAN 12:24

Ahora meditemos: de la espiga sale el pan, y el pan es el Cuerpo de Jesús. El semen de trigo tiene que entrar en la tierra y morirse para que, de su sacrificio, salga la espiga de la cual vendrá el pan para que podamos recibir en la Cena del Señor su propio Cuerpo. Algo similar ocurre con el vino: la semilla de la uva entra a la tierra, y allí muere, para poder echar raíces, de las que brotará la parra o vid, de cuyas ramas surgen los racimos de uvas que, después, son exprimidas para hacer posible el vino que simboliza la Sangre del Señor.

En el pasaje citado, Jesús está hablando de su persona que, ciertamente, entró a tierra y murió para poder dar fruto en la gloriosa resurrección, así como las semillas muertas al ser enterradas, resucitan en los árboles que dan fruto. Hay que tener discernimiento para sentarse a la Mesa de Cristo, como Pablo lo encarece: cuando consumimos el vino, que simboliza la sangre del Señor, tomamos realmente la vida de la uva que murió en tierra; cuando comemos el pan, que representa su cuerpo, nos apropiamos la vida del grano de trigo que se pudrió enterrado. Por un misterio divino, Jesucristo es la semilla que entra a tierra y muere para resucitar, a fin de ser espiga y uva capaces de dar vida eterna por medio del fruto de la resurrección. En términos espirituales, resucitar es fructificar.

El grano de mostaza

La semilla de mostaza es un grano diminuto, insignificante, casi invisible. Yo lo invito a que consiga un grano de mostaza, uno solo, y lo ponga en la palma de la mano. Casi necesitará usar una lupa para poderlo observar. Olvídese de ese detalle y obedezca a Jesús: tome ese pequeño, minúsculo, casi atómico grano de mostaza y siémbrelo; limítese después a esperar un tiempo y lo verá convertirse en un árbol en cuyas ramas las aves harán nidos y cantarán.

En su parábola del grano de mostaza, el Señor da una lección tremenda, aunque a veces pasamos por alto su verdadero significado. Obsérvese que Jesús dice: así es el Reino de Dios. Repito: así es. No dice: "se parece a", o "se asemeja a". Literalmente dice que "es así" como un pequeño grano que se convierte en un gran árbol. Ahora bien, dicho en forma directa, cada uno de nosotros es un árbol dotado de semilla en sí mismo. Si sembramos nuestra semilla, produciremos otro árbol que, a su vez, producirá más semillas para que se produzcan otros árboles, y así sucesivamente en forma interminable y asombrosa. Se trata de una ley inalterable del Reino de Dios.

Hace casi veinte años yo era todo menos un árbol o una semilla. Me sentía como un tronco cortado a la orilla de un camino, pudriéndose. Una sembradora valiente llamada Esther Lucía pasó a mi lado, llevaba en la mano un granito de mostaza y lo sembró en mi corazón. En un proceso de muerte y resurrección, yo me volví un árbol, que ha dado muchos granos y hoy es fácil observar –digámoslo no por exaltación sino para glorificar el nombre del Señor– todo lo que Dios es capaz de hacer aún con lo más ruin y miserable, como en mi caso. Tú también eres un sembrador con un grano de mostaza en la mano. ¿Qué esperas para ir a sembrarlo? Hay muchos corazones esperando.

El sembrador

¿Cómo se multiplica esa semilla, cómo hace fructificar Jesús su propio grano de trigo? Mejor dicho, ¿cómo Jesús se multiplica a sí mismo? No olvidemos que Él es la simiente de la mujer. El relato de Lucas nos ayuda a entender de qué manera trabaja Jesús con su semilla.

> De cada pueblo salía gente para ver a Jesús, y cuando se reunió una gran multitud, él les contó esta parábola.
>
> LUCAS 8:4

La comprensión de este asunto requiere ciertas explicaciones sobre lo que es una parábola. En realidad se trata de una figura literaria propia de los pueblos semitas; son los judíos y los árabes quienes escriben parábolas. ¿En qué consisten ellas? Son enseñanzas de carácter moral, así como los occidentales tenemos el apólogo, que es más sofisticado, y, sobre todo, la fábula, que ha llegado a ser muy popular. Al igual que las parábolas, las fábulas del griego Esopo; las de los españoles Iriarte y Samaniego, o las del colombiano Rafael Pombo, son cuentos que ofrecen enseñanzas morales. La diferencia estriba en que el apólogo y la fábula rematan con una moraleja dada por el propio autor, quien se encarga de decir cómo está orientada la enseñanza que él mismo ha dado a través de su cuento.

Por el contrario, el atractivo que tienen las parábolas como figura literaria consiste en que el autor no ofrece una moraleja, sino la interpretación corre a cargo de la persona que ha escuchado el cuento. Por eso Jesús, al final de cada parábola solía decir "el que tenga oídos para oír, que oiga". Lamentablemente hay muchos que, cuando el Señor les dice su parábola, no entienden nada en absoluto. "Sordos espirituales", los llama la Biblia.

Aclarado lo anterior, vamos al punto: un sembrador sale a sembrar; al esparcir la semilla, una parte cae junto al camino, es pisoteada y los pájaros se la comen; otra parte cae sobre las piedras y, cuando brota, la planta incipiente se seca por falta de humedad; otra parte cae entre espinos que, al crecer junto con la semilla, la ahogan; pero otra parte cae en buen terreno, así que brota y produce una cosecha hasta del ciento por uno. ¡Dios mío!, si las matemáticas no fallan, el ciento por uno, en términos porcentuales, es el diez mil por ciento.

¿Qué significa esta parábola? El Señor es misericordioso y, cuando los discípulos le hacen esa pregunta, procede a la explicación: La semilla es la Palabra de Dios. Si no olvidamos lo dicho al principio: la semilla es Jesucristo, hallaremos lógicamente aclarado que Jesucristo sea la semilla de su propia parábola si creemos que El es la Palabra, ya que la Palabra y la semilla son una misma cosa. Mejor dicho, una misma Persona. No olvidemos que hay tres formas de manifestación de la Palabra de Dios al hombre:

1. Palabra hablada en la creación.

2. Palabra escrita en la Biblia.

3. Palabra humanada en Jesucristo.

Dicho de manera elemental, la Biblia es Jesucristo, Jesucristo es la Biblia; porque la Biblia y Jesucristo son la Palabra de Dios, la misma semilla de que nos está hablando la parábola. Dejemos que el Maestro en persona nos dé la interpretación.

Éste es el significado de la parábola: La semilla es la palabra de Dios. Los que están junto al camino son los que oyen, pero luego viene el diablo y les quita la palabra del corazón, no sea que crean y se salven. Los que están sobre las piedras son los que reciben la palabra con alegría cuando la oyen, pero no tienen raíz. Éstos creen por algún tiempo, pero se apartan cuando llega la prueba. La parte que cayó entre espinos son los que oyen, pero, con el correr del tiempo, los ahogan las preocupaciones, las riquezas y los placeres de esta vida, y no maduran. Pero la parte que cayó en buen terreno son los que oyen la palabra con corazón noble y bueno, y la retienen; y como perseveran, producen una buena cosecha.

Lucas 8:11,15

¿Cómo se fructifica? Últimamente se ha enseñado una teología perversa, aunque la expresión suene ruda. En cierto tipo de iglesias hay cristianos bien intencionados pero confundidos, pues se les está llevando a tener fe en la fe en lugar de tener fe en Dios. Se les asegura que los resultados se obtienen automáticamente si se le exige perentoriamente a Dios el cumplimiento de sus promesas. La consigna simplista de tales grupos parece ser: "Proclámalo y recíbelo".

Es una crueldad llevar a los incautos por ese atajo. No es cuestión de decir "ábrete sésamo", como en las Mil y Una Noches, para obtener resultados mágicos. Aquí dice el Señor que solo dan fruto los que perseveran; no se puede, por lo tanto, eliminar de un tajo la extraordinaria y bella virtud de la perseverancia. Jamás se ha visto que un árbol lo sea de una vez; sino que primero es semilla, después raíz, luego tallo, posteriormente rama, y finalmente fruto. Lo mismo que en el reino vegetal, ocurre en el animal y sucede en la vida humana: todo fructifica por medio de la perseverancia.

¿Se acuerdan del huevo y la gallina? Pues bien, en un huevo se está formando un pollito; y, si alguien cometiera el error de romper el cascarón antes de tiempo, esa vida no sería posible. El pollito, de hecho, no empieza a picotear el cascarón prematuramente, sino lo hace en el momento justo y preciso para salir a la luz, al aire y a la vida. No en balde el rey Salomón advirtió que todo tiene su tiempo bajo el sol.

El fruto espiritual

La famosa enseñanza de San Pablo en Gálatas 5:22–23 enumera las características del fruto que necesariamente deben producir los corazones que fueron buena tierra, parcela fértil para el grano de mostaza del Sembrador Divino: Amor, alegría, paz, paciencia, amabilidad, bondad, fidelidad, humildad y dominio propio. Algunos dicen inadecuadamente "los frutos"; en la Biblia, los singulares son singulares y los plurales son plurales y no es aconsejable pluralizar un singular ni singularizar un plural. San Pablo escribe "el fruto" y luego enumera sus características. Es preferible, entonces, hablar –demos por caso– de una naranja con nueve gajos en vez de nueve naranjas.

Por contraste, si usted revisa el Sermón del Monte –marco teórico del cristianismo– encontrará una advertencia terrible dada por el propio Nazareno sobre los falsos profetas y, por lo tanto, los falsos creyentes:

> Cuídense de los falsos profetas. Vienen a ustedes disfrazados de ovejas, pero por dentro son lobos feroces. Por sus frutos los conocerán. ¿Acaso se

recogen uvas de los espinos, o higos de los cardos? Del mismo modo, todo árbol bueno da
fruto bueno, pero el árbol malo da fruto malo.
Un árbol bueno no puede dar fruto malo, y un
árbol malo no puede dar fruto bueno. Todo
árbol que no da buen fruto se corta y se arroja al
fuego. Así que por sus frutos los conocerán.

MATEO 7:15,20

"Por sus frutos los conocerán", dice el Divino Predicador.
No dice "por sus dones". Son incontables los que se imaginan que su prestigio dependerá de que echen fuera demonios, sanen enfermos, oren en lenguas o profeticen. Jesús
dice, ciertamente, que las manifestaciones sobrenaturales de
poder nos seguirán, pero no que nos identificarán; la identidad se muestra por nuestro fruto. ¿Cuál fruto? El del
Espíritu Santo, bien discernido por Pablo en su carta a los
Gálatas.

Por otra parte, es importante entender que la índole del
árbol depende de la índole de la semilla, como la clase de
fruto depende de la clase de árbol. Si yo siembro plátano
recojo plátanos; y si siembro papaya, recojo papayas. No
puedo sembrar una semilla de mandarina para recoger san-
días que den semillas de piña y así obtener fresas.

Muy claramente, pues, la Biblia afirma que el fruto del
Espíritu Santo caracteriza al hijo de Dios, que es un árbol.
Y, por supuesto, el fruto se muestra en la conducta ordinaria, no en la actitud religiosa. Una vez más tengo que repe-
tir la afirmación de la teología moderna que ha generado
incomprensiones en el seno de la llamada iglesia evangélica:
el cristianismo no es una religión, aunque posee algunos
elementos religiosos; el cristianismo es un *life style*, una

manera de ser y de vivir. Es en su vida diaria donde usted muestra el fruto, y de nada le sirven los aspavientos de piedad en el templo si su conducta no exhibe las características del fruto del Espíritu Santo en su cotidiano caminar.

Cuando la iglesia que presido iba a ser fundada, el Señor dijo: No quiero religión sino acción, que oigan la Palabra de Dios y la practiquen, es decir, que edifiquen su casa sobre la roca y no sobre la arena, como suele hacerlo la gente religiosa. El que da fruto es, precisamente, aquel que edifica su casa sobre la roca.

LA MULTIPLICACIÓN

El más completo manual de alabanza y adoración a Dios, que es el libro de los salmos, comienza exactamente con una gran revelación sobre el tema que nos ocupa:

> Dichoso el hombre que no sigue el consejo de los malvados, ni se detiene en la senda de los pecadores ni cultiva la amistad de los blasfemos, sino que en la ley del SEÑOR se deleita, y día y noche medita en ella. Es como el árbol plantado a la orilla de un río que, cuando llega su tiempo, da fruto y sus hojas jamás se marchitan. ¡Todo cuanto hace prospera!
> SALMO 1:1,3

Obsérvese el tiempo verbal correctamente empleado en la Nueva Versión Internacional de la Biblia. El original no dice –como se tradujo antiguamente– "prosperará" en futuro, sino "prospera" en presente. Ello indica que hoy mismo el árbol está dando fruto, que lo da en forma continua, en un eterno presente. La Biblia repite a cada paso que los creyentes somos árboles. Isaías, de forma cabal, definió a los hijos de Dios como "árboles de justicia" y "plantío del Señor". Así que yo soy un árbol y tú eres un árbol, ylo que el Señor quiere de nosotros es que demos fruto y que ese fruto, a su vez, produzca semilla que, al ser sembrada, haga posibles nuevos árboles.

Pero hay algo más: Como Jesús lo enseña en su parábola, el árbol es el sembrador mismo de la semilla que de él brota. Es decir, cada uno de nosotros en particular –y todos en general– somos sembradores de nuestras propias semillas. Veamos: Jesús se siembra a si mismo en nosotros, para que nosotros –a nuestro turno– sembremos la semilla que hay en nuestro árbol personal, la cual no somos nosotros mismos sino Aquel que es, en un misterio simultaneo, la Divina Semilla, el Divino Árbol y el Divino Sembrador. Una advertencia pertinente para los orgullosos: nada se hace por nosotros en forma autónoma; es la semilla de Cristo, aquel grano de mostaza que un día cayó en el buen terreno de nuestro corazón, la que nosotros sembramos en otras personas. El apóstol Pablo dice esta cosa sensata:

> Yo sembré, Apolos regó, pero Dios ha dado el crecimiento. Así que no cuenta ni el que siembra ni el que riega, sino sólo Dios, quien es el que hace crecer. El que siembra y el que riega están al mismo nivel, aunque cada uno será recompensado según su propio trabajo.
>
> 1 Corintios 3:6–8

Cierto que hay sembradores y segadores, pero no existe una especialización radical en lo uno ni en lo otro. En mayor o menor medida, cada creyente siembra y cosecha; y, por supuesto, lo ideal sigue siendo que el mismo que sembró con lágrimas recoja con alegría la cosecha.

La mala hierba

A fin de entender este espinoso tema, será indispensable que volvamos al evangelio para revisar otra de las parábolas de Jesús en relación al tema que nos ocupa.

> Jesús les contó otra parábola: «El reino de los cielos es como un hombre que sembró buena semilla en su campo. Pero mientras todos dormían, llegó su enemigo y sembró mala hierba entre el trigo, y se fue. Cuando brotó el trigo y se formó la espiga, apareció también la mala hierba. Los siervos fueron al dueño y le dijeron: "Señor, ¿no sembró usted semilla buena en su campo? Entonces, ¿de dónde salió la mala hierba?" "Esto es obra de un enemigo", les respondió. Le preguntaron los siervos: "¿Quiere usted que vayamos a arrancarla?" "¡No! –les contestó–, no sea que, al arrancar la mala hierba, arranquen con ella el trigo. Dejen que crezcan juntos hasta la cosecha. Entonces les diré a los segadores: Recojan primero la mala hierba, y átenla en manojos para quemarla; después recojan el trigo y guárdenlo en mi granero" ».
>
> Mateo 13:24–30

La mala hierba, comúnmente llamada cizaña, es propiedad de Satanás y resulta inevitable que en todas las iglesias la haya en mayor o menor grado. Sin embargo, la técnica para separarla del cultivo sano no es lo que algunos quisieran: por ejemplo, colocar a la pecadora sobre el altar, durante un servicio dominical bien concurrido, y que los piadosos feligreses vayan desfilando, cada uno con su piedra en la mano, para producir la merecida lapidación. O improvisar una guillotina –también sobre el altar y en el curso de una reunión dominical– y cortarle la cabeza al chismoso de tal manera que su sangre salpique a la congregación para que todos reciban escarmiento.

Excusada la exageración, recalquemos que no debe ser así, porque –según Jesús– el trigo y la cizaña han de crecer juntos hasta la hora de la recolección de la cosecha cuando él enviará a sus ángeles a separar estrictamente lo uno de lo otro.

En países como los andinos es fácil entender el concepto de "mala hierba" o cizaña, pues grandes extensiones de tierra están sembradas de marihuana, amapola y coca, y se observan directamente los estragos humanos que de tales plantaciones se derivan. Es inútil tratar de extirpar esa cizaña por medio de fumigaciones aéreas o cualquier otro método artificial sobre la naturaleza, si antes no se siembra la semilla de Dios en los corazones de los perversos o ingenuos cultivadores. Solo así se logrará que un día los ángeles de Dios erradiquen la maligna vegetación que no solo contamina el ambiente físico sino que causa, sobre todo, estragos espirituales. La buena noticia es que la cizaña no puede dañar al buen trigo.

La raíz amarga

La llamada "raíz de amargura" nace directamente en el corazón, proviene de una semilla maldita plantada en el surco del ser interior y que, al sacar a la superficie ramas y frutos, perjudica a otros.

> Asegúrense de que nadie deje de alcanzar la gracia de Dios; de que ninguna raíz amarga brote y cause dificultades y corrompa a muchos.
>
> Hebreos 12:15

Hagamos sencillas precisiones para entender mejor este asunto: lo que solemos llamar un "amargado" es el que tiene sembrada la raíz de amargura. El amargado sufre un problema de auto–rechazo, no se acepta a sí mismo, menosprecia y, a veces, odia su propia persona. Esa raíz de amargura produce un árbol que se llama resentimiento. Un "resentido" es aquel que tiene un problema con los demás. A fuerza de no aceptarse a sí mismo, termina por rechazar al prójimo. Es frecuente oírlo decir: "Culpa del jefe, culpa de mamá, culpable mi cónyuge, culpables mis hijos… En los casos más agudos, estas personas culpan a Dios por lo que les pasa. El resentido más popular en las iglesias es el que siempre afirma: "Todo es culpa del pastor".

Ahora bien, esa raíz de amargura que ha generado el árbol del resentimiento, culmina su obra con un fruto que se llama "falta de perdón". En la consejería de algunas iglesias es muy común que se trate de arreglar el problema cortando el fruto con una fórmula mecánica y un poco mágica que consiste en declarar que se perdona a alguien. Pero no basta con quitar el fruto, pues árbol que siga en pie volverá a fructificar tarde o temprano.

Algunos consejeros avanzan un poco y hacen que la persona bajo tratamiento pronuncie alguna suerte de *mantra* que, supuestamente, echa por tierra el árbol del resentimiento. Pero no basta con cortar el árbol, porque, si la raíz sigue viva, dará de nuevo un árbol que volverá a dar fruto. Por eso, Juan el bautista dice que el hacha hay que ponerla a la raíz del árbol. Si la raíz desaparece, no habrá árbol y, por lo tanto, el fruto no será posible otra vez.

No pocos cristianos satanómanos y diablólogos eluden sus responsabilidades culpando a Satanás por todo lo malo que les pasa. Los que piensan de tal manera, no necesitan Redentor, pues, en su óptica, no se ven personalmente responsables. El Redentor fue enviado solo para nosotros los pecadores que sí tenemos la culpa de lo que hacemos. El diablo no es el único culpable de todo lo que le pasa al hombre. Su libre albedrío, su voluntad autónoma, lo que haga a sabiendas será su personal responsabilidad.

Jamás olvidemos que los enemigos del hombre son, aparte del demonio, el mundo y, sobre todo, la carne, que es la naturaleza pecaminosa. De ella nace la raíz amarga que estamos analizando. Ciertamente Satanás arma la trampa de la tentación, pero no obliga a nadie a caer en ella. Nunca digas, como tu madre Eva: "La serpiente me hizo hacerlo". No te mientas a ti mismo, sé responsable y di, más bien: "Yo mismo lo hice y, por lo tanto, yo mismo pagaré las consecuencias de mi acción".

Sin embargo, hablando con lógica y franqueza, a veces la raíz amarga se origina en el inconciente. Traumas producidos en la niñez, problemas aparentemente olvidados, metas frustradas, ideales perdidos, sueños rotos, etc, pueden ocasionarla. Por eso es tan importante el ministerio de la sanidad interior, que es, escuetamente, un sistema de psicología cristiana. Una investigación minuciosa, acompañada de oración y ayuno, bajo guía del Espíritu Santo, permitirá ubicar la raíz amarga para poderla arrancar del corazón. Tal operación es dolorosa pero absolutamente necesaria. La amargura enraizada en el ser humano termina por contaminar y destruir a otras personas, casi siempre las más queridas.

Producción y recolección

El don de fe es algo exótico en los tiempos actuales, marcados por un agudo materialismo aún en el seno de la iglesia cristiana. Recordemos la forma deslumbrante como Jesucristo describe este particular carisma:

> Porque ustedes tienen tan poca fe –les respondió–. Les aseguro que si tienen fe tan pequeña como un grano de mostaza, podrán decirle a esta montaña: "Trasládate de aquí para allá", y se trasladará. Para ustedes nada será imposible.
>
> Mateo 17:20

Si siembras la semilla correcta en tu corazón, que es la fe, tendrás la legítima alegría de saber que nada será imposible para ti. Medita en este simple principio: un árbol da fruto, del fruto sale la semilla y esa semilla se reproduce. La Biblia sostiene que el mismo principio opera en toda las cosas: siembra, reproducción y recolección. Pero nunca olvidemos que el fruto corresponde al árbol como el árbol a la semilla. Por lo tanto, si usted siembra odio, recoge odio; si siembra amor, recoge amor; si siembra luz, recoge luz; si siembra oscuridad, recoge oscuridad; si siembra dinero, recoge dinero. (No lo digo yo, lo dice la Palabra de Dios: el dinero también es una semilla que produce fruto) Y, por supuesto, las virtudes y los pecados son semillas que se reproducen.

Pese a todo, cristianos bien intencionados razonan así: –Pero yo hace mucho rato estoy sembrando, los canales de riego del cultivo son mis propias lágrimas y el sudor de mi rostro, y no veo fruto por ninguna parte. Tales personas podrían animarse con esta lectura:

El que con lágrimas siembra con regocijo cosecha. El que llorando esparce la semilla, cantando
recoge sus gavillas.

Salmo 126:5–6

La semilla tiene que morir y resucitar. Las lágrimas, el
sudor y, a veces, la sangre son el abono, como lo pudo
entender magistralmente al gran poeta argentino Francisco
Luis Bernárdez en un precioso soneto cuya conclusión
expresa:

Porque al final de todo he comprobado
que no se goza bien de lo gozado
sino después de haberlo padecido;

porque después de todo he comprendido
que lo que el árbol tiene de florido
vive de lo que tiene sepultado.

2. El misterio del amor

El que no ama no conoce a Dios,
porque Dios es amor.
1 JUAN 4:8

He aquí una escritura concisa que no requiere explicaciones. Por ella entendemos que el amor demuestra dos verdades: la naturaleza de Dios y el conocimiento de Dios. Sólo el que ama conoce a Dios; el que no ama, sencillamente no lo conoce. Hay muchos que conocen aspectos relacionados con Dios: por ejemplo, conocen la Biblia, conocen la teología, conocen la doctrina; han leído múltiples libros cristianos… pero no aman. Y, así las cosas, la conclusión es fácil: esos eruditos, esos sabihondos, esos sabelotodos no conocen a Dios, por la sencilla razón de que no aman. No amar es ignorancia de Dios.

Con base en el silogismo clásico se ha llegado a un planteamiento maravilloso que define la existencia de Dios así:

- Tesis, el Padre es el amante.
- Antítesis, el Hijo es el amado.
- Síntesis, el Espíritu Santo es el amor.

El amor es trino y uno, como Dios. El amor es en sí mismo una trinidad, porque Dios es amor y Dios es trinidad.

EL AMOR ES FRUTO ESPIRITUAL

La enumeración que hace San Pablo al definir las características del fruto del Espíritu Santo (Gálatas 5:22,23) comienza, precisamente, con el amor. Significa esto que la persona que no ama, ¿no está dando fruto? Primariamente sí, pero no se olvide lo dicho por Jesús: por sus frutos se conoce el árbol; de ello se deduce que una persona sin amor no solo carece del fruto del Espíritu Santo, sino que puede estar produciendo otra clase de fruto: si es una persona que odia, guarda rencor, no tiene misericordia, critica, humilla, ofende, menosprecia al prójimo, es un árbol que no da fruto bueno por la simple razón de que produce fruto malo. Y, si el árbol sin fruto será cortado y arrojado al fuego, ¿qué decir del árbol dedicado a producir mal fruto?

El amor resume la ley

Durante un viaje a Israel, a finales del siglo pasado, llegamos hasta Qumrán, el lugar de adoración escogido porJuan el Bautista y los esenios al alejarse del templo en protesta por la corrupción de la clase sacerdotal de su tiempo. Nuestra guía turística, una judía ortodoxa, licenciada en teología de su religión, y además, experta en arqueología, se me acercó durante un breve descanso, mientras la gente se dedicaba a otras cosas, y me dijo:

–Pastor, hay una pregunta que no se la he hecho a ninguno de tus colegas, pero a ti sí me atrevo a hacértela: Hace alrededor de dos mil años un escriba de mi ley se acercó a tu Jesús y le dijo: –Maestro, ¿qué debo hacer para ganar la vida eterna? Tu Jesús le dijo a mi escriba: ¿qué dice tu ley? Y mi escriba le contestó a tu Jesús: "Amarás al Señor tu Dios con todo tu corazón, con toda tu mente, con toda tu alma y con todas tus fuerzas, y a tu prójimo como a ti mismo". Me parece muy curioso que tu Jesús no le dijera a mi escriba: –Oye, hay que hacer otras cosas, ¿ya olvidaste los seiscientos y tantos requisitos de la Ley?; sino, simplemente: –Estás en lo cierto, lo único que debes hacer es lo que acabas de decir. Pastor, perdóname –añadió aquella guía turística–, si tu Jesús y mi escriba están de acuerdo en lo esencial, ¿qué es lo que tú y yo discutimos en el campo religioso?

Perplejo y emocionado, abracé a aquella judía con una fuerza que nacía de mi cristiano corazón, y le dije: Toda la ley de Moisés y todo el evangelio de Jesús se reducen a este, justamente llamado "el gran mandamiento". En aquel histórico paraje el Espíritu Santo me reveló la sencilla clave que, desde entonces, he trajinado bajo el nombre de "esencialismo".

El amor a Dios

Mucha gente se imagina que el amor es una simple declaración, que amar a Dios es venir al templo, alzar las manos y decir: "Señor, yo te amo". También en las relaciones humanas hay quienes están confundidos pensando que el amor es asunto de declaraciones. Sin embargo, Dios nos enseña en su Palabra que el amor es algo que se concreta en acciones y produce consecuencias prácticas en la vida ordinaria de la gente. Ese es, desde la antigüedad, el énfasis de la Ley:

> Hoy te ordeno que ames al SEÑOR tu Dios, que andes en sus caminos, y que cumplas sus mandamientos, preceptos y leyes. Así vivirás y te multiplicarás, y el SEÑOR tu Dios te bendecirá en la tierra de la que vas a tomar posesión.
>
> DEUTERONOMIO 30:16

Esta escritura transmite la orden de amar a Dios; pero no se queda allí, sino que llama a la práctica, a andar en sus caminos y cumplir lo que él manda. Escuetamente, a poner el amor por obra; pues, quien no lo hace así, está demostrando que realmente no ama al Señor. Y ¿cuál es la consecuencia? Vivir y multiplicarse bajo la bendición divina en la tierra de la que se toma posesión. Amar a Dios, andar en sus caminos, cumplir sus mandamientos produce un triple resultado: Vida, multiplicación y bendición.

Ahora bien, aunque tal amor dinámico trae beneficios concretos, debemos amar a Dios incondicionalmente, no por lo que nos da, pues él es el Señor si lo amamos, y si no lo amamos sigue siendo el Señor. A mi juicio, la persona que mejor ha expresado esa clase de amor que todos deberíamos sentir hacia Dios, es el autor –probablemente Teresa de Ávila, aunque el nombre poco importa– del clásico soneto:

> No me mueve, mi Dios, para quererte,
> el cielo que me tienes prometido,
> Ni me mueve el infierno tan temido
> para dejar por eso de ofenderte.
>
> Tú me mueves, Señor, muéveme el verte
> clavado en una cruz y escarnecido,
> muéveme el ver tu cuerpo tan herido,
> muévenme tus afrentas y tu muerte.
>
> Muéveme, en fin, tu amor y en tal manera,
> que aunque no hubiera cielo yo te amara
> y aunque no hubiera infierno te temiera
>
> No me tienes que dar porque te quiera,
> pues aunque lo que espero no esperara
> lo mismo que te quiero te quisiera

El amor al prójimo

Hemos dicho que la Ley se resume en el amor. El Pentateuco lo reafirma así a cada paso. Por ejemplo, Levítico 19:13,18 es bien claro en cuanto a las formas de manifestación del amor al prójimo. La enumeración concluye en forma redonda:

> Ama a tu prójimo como a ti mismo. Yo soy el SEÑOR.
> LEVÍTICO 19:18b

La conclusión dice que no debo ejecutar venganza ni abrigar rencor, sino amar al prójimo como me amo yo a mi mismo; pero el asunto no es tan simple, pues el texto del pasaje ofrece normas de ineludible cumplimiento: no explotar al prójimo ni despojarlo de nada, no retener el salario del trabajador, no maldecir al sordo ni poner tropiezo al ciego, no pervertir la justicia ni mostrarse parcial a favor del pobre o del rico, sino juzgar a todos con justicia. Obsérvese bien lo que dice: no a favor del rico contra los pobres, pero tampoco en contra del rico a favor del pobre. Se debe hacer lo equitativo, sea para el rico o sea para el pobre. Si se avanza en la lectura hay otras cosas para considerar: No calumniar ni exponer la vida de ningún ser humano, no esconder en el corazón odios larvados contra el prójimo.

Algunos creen que se puede amar en público y odiar en privado. Fingir amor es la peor forma de odiar, porque la simulación es un engaño y engañar es odiar. Pero ¡atención!: allí se dice tácitamente que la franqueza es una forma de amor, cuando se reprende al prójimo para librarlo de las consecuencias de su pecado. Curiosamente, algunos juzgan que, si hacen lo malo y alguien les llama la atención, eso es faltar al amor. La Palabra de Dios dice lo contrario: cuando se ama a una persona, se la reprende con franqueza. Por supuesto, la franqueza es una muestra de amor, pero no significa rudeza, mala educación, ni altanería, sino claridad de conceptos.

El amor a sí mismo

A algunos les suena raro que se hable de lo que Paul Tillich llamó "autoaceptación paradójica" por oposición al concepto de auto–amor (*self love*). En grupos cristianos se ha enseñado que uno debe menospreciarse a si mismo, dándole la razón a san Pablo cuando se refiere a los que afectan humildad pero no son humildes. Hay graves inconvenientes en la interpretación que opuestos sectores de la iglesia cristiana hacen alrededor de este tema. Mucha gente ya no sabe a qué atenerse: primero llegan los de la teología de la miseria y enseñan que a Dios le satisface ver a sus hijos habitar en favelas de cartones, cubiertos de sotanas raídas a lo Martín de Porres, con el cabello y la barba llenos de insectos, y un penetrante "olor a santidad" porque es pecado usar desodorantes; y luego llegan los de la teología de la prosperidad y les predican que cada cristiano está llamado a ser un Bill Gates.

Y, en medio de tales contradicciones, las mentes sencillas se preguntan: ¿Será verdad lo uno o lo otro? Pues bien, el cristianismo es equilibrio y balance, como lo he dicho tantas veces. Quienes enseñan el auto–menosprecio como patente para agradar a Dios, deberían releer el libro de Job. A este célebre personaje de la antigüedad le fracasó todo: quebró en los negocios, enfermó gravemente, su mujer lo abandonó, murieron los hijos trágicamente. ¿Qué más le puede pasar a una persona? Bueno, que vengan unos amigotes del alma, no a consolarlo de sus desdichas, sino a echarle sal y limón sobre las heridas. Y él, ¿cómo reacciona?

> Pero yo tengo tanto cerebro como ustedes en nada siento que me aventajen. ¿Quién no sabe todas esas cosas?
>
> Job 12:3

"Señores: es verdad que me encuentro en situación calamitosa, no tengo un dólar, perdí toda mi familia, estoy enfermo y sin soluciones a la vista, pero no soy menos que ustedes". Esto se llama autoestima. La pregunta pertinente es ¿si usted no se ama a sí mismo, qué amor les va a dar a los demás? La autoestima hace parte de los propósitos de Dios para sus hijos. El apóstol San Pablo tenía un razonable amor propio: él sabía quién era y qué era capaz de hacer, y a menudo escribía para notificarlo claramente. Léase, por ejemplo, la segunda carta a los corintios en algunos de cuyos párrafos este genio religioso se juzga a sí mismo como un tipo realmente importante y hasta enumera virtudes y talentos que tiene. Pero, ¿cuál es su conclusión? Que todo eso es basura –más literalmente estiércol– ante el conocimiento de Cristo.

Y es el mismo Pablo quien nos enseña la medida exacta de la autoestima, cuando le dice a Timoteo que no le permita a nadie menoscabar su autoridad por el hecho de ser joven. Igualmente, envía a Tito una serie de instrucciones para la iglesia de Creta y lo anima a que reprenda, exhorte y amoneste con toda autoridad y no se deje menospreciar de nadie. Poniendo las cosas en orden, digamos que la humildad no consiste en tener un bajo concepto de uno mismo, sino en no creerse más de lo que se es. Es necesario auto–valorarse. ¿Cuáles son mis talentos, posibilidades y habilidades? Sin duda, los dones que Dios me ha dado debo ponerlos en pleno funcionamiento porque el Señor vendrá a tomarme cuenta de la forma como haya utilizado la dotación que me dio para su obra.

> Por la gracia que se me ha dado, les digo a todos ustedes: Nadie tenga un concepto de sí más alto que el que debe tener, sino más bien piense de sí mismo con moderación, según la medida de fe que Dios le haya dado.
>
> ROMANOS 12:3

Valórese usted en lo que es, no se sobrestime valorándose por encima de lo que es, ni se subestime tasándose por debajo de su valor real. El amor propio, la autoestima, no es orgullo. Propiamente orgullo es creerse más de lo que se es; y falsa humildad, creerse menos de lo que se es. No más y no menos, es la clave.

A veces, en momentos de quietud, me lleno de perplejidad pensando lo que significa ser hijo de Dios, tener ese Padre; y, también, cuánto valgo para él. Leo en el libro de Isaías que Dios me tiene esculpido en las palmas de sus manos para no olvidarse de mí. Allí afirma que, si se olvida la mujer del fruto de su vientre, del ser que parió, entonces El se olvidará de mí. Añade que a sus ojos fui de alta estima, que fui honorable y El me amó.

Cuesta trabajo creerlo pero hay cristianos que se menosprecian a sí mismos. ¿Saben cuánto valemos para el Padre? Gota a gota, toda la sangre de Jesús, él pagó ese precio por cada uno de nosotros. Por eso, es vital que en las iglesias se promueva la autoestima.

LOS NIVELES DEL AMOR

En las Sagradas Escrituras es evidente que el amor tiene unos claros niveles de definición: amor *ágape*, amor *philleos* y amor *eros*. Procedamos a su análisis.

El amor en el Espíritu

Agapao, es la palabra griega utilizada por San Pablo cuando enumera el fruto del Espíritu en su carta a los gálatas. Se trata del amor en el Espíritu, muy bien interpretado por el apóstol colombiano Ignacio Guevara, y que es puramente sobrenatural, desinteresado, capaz de amar a todas las criaturas sin excepción. El amor de Dios es incondicional; en la Biblia no encontramos un solo pasaje en el cual Él diga: "yo te amo", para después preguntar: "Pero, ¿me amas tú? El amor de Dios no hace preguntas, lo único que dice es: "Yo te amo". Dios ama al justo y, exactamente con el mismo amor, ama al pecador. Algunas personas se confunden pensando que Dios ama a los cristianos y odia a todos los demás. ¡No, mil veces no! Dios odia el pecado, pero ama al pecador. Así las cosas, el amor ágape, o amor en el Espíritu está perfectamente descrito en un versículo que todos saben de memoria.

> Porque tanto amó Dios al mundo, que dio a su
> Hijo unigénito, para que todo el que cree en él
> no se pierda, sino que tenga vida eterna.
> JUAN 3:16

Este es un planeta degenerado, corrupto, lleno de prevaricación, latrocinio y asesinato, anegado en porquería, pecado y muerte; y, sin embargo, Dios lo amó tanto que envió a su Hijo a que muriera por sus habitantes. El gran escritor escandinavo Par Lagervitz fue Premio Nobel de Literatura y uno de los mejores discípulos del creador del existencialismo cristiano Sören Kierkegaard: En su novela Barrabás, él plantea algo que deberíamos pensar a propósito del tema que nos ocupa.

La ley judaica decía que, con motivo de la fiesta pascual, se podía perdonar a un preso por petición del pueblo. Durante un juicio en Jerusalén, sobre el balcón de la procuraduría, el gobernador Pilatos tiene a un lado a Jesús de Nazaret y al otro a Barrabás. El hombre así llamado es un guerrillero, comandante del grupo de los zelotes que combatía al Imperio

Romano y quien estaba acusado de actos de terrorismo. Pilatos le pregunta a la multitud a quién quiere que le suelte, si a Jesús o a Barrabás.; y la multitud dice: –Suelta a Barrabás. –¿Qué haré de Jesús llamado el Cristo?, pregunta el funcionario; y la multitud responde en coro histérico: –Crucifícale, crucifícale.

En la novela de Lagervitz, la historia continúa con un Barrabás desconcertado, pues sabe que merece la muerte en la cruz, pero aquel justo lo va a reemplazar en el patíbulo. Cuando ya Jesús se encuentra en el calvario –siempre según la novela– Barrabás sube a esa colina y contempla la agonía y muerte de su sustituto y, meneando la cabeza, razona: "No lo puedo creer, el que debiera estar en esa cruz soy yo, pero este hombre puro, limpio, de quien nadie puede decir nada, está muriendo por mí, me está representando en la muerte que merezco".

En la novela referida, una vez el Nazareno expira, Barrabás se va de copas por las tabernas de Jerusalén, se emborracha de vino y sidra y, finalmente, enloquecido, entre mesas tumbadas y botellas rotas, empieza a gritar sin fin: "El murió por mí, él murió por mí, él murió por mí". Del relato de Lagervitz se desprende que Barrabás no es una persona; en verdad, Barrabás es el hombre, la especie humana caída que merece morir, y a la que Cristo ha sustituido en la cruz. Todos somos un Barrabás corporativo. La novela continúa con otras peripecias que interpretaré con alguna libertad, como haciendo una exégesis: Barrabás quiere reconquistar el mando del grupo sedicioso de los zelotes, que tiene otro comandante al frente, a quien Barrabás termina por quitarle la vida.

Los guardias romanos capturan al reincidente asesino, lo llevan de nuevo ante el procurador y lo acusan en forma fulminante: "Este hombre acaba de cometer un asesinato, debe morir en la cruz". Barrabás piensa con cierta lógica: "Al fin se va a hacer justicia conmigo, en verdad yo merezco la muerte, y no puedo aceptar que Jesús haya muerto en mi lugar". El procurador, sin embargo, razona de manera diferente: –La ley romana dice que una persona que haya sido indultada o amnistiada, alguien a quien se le perdonó la muerte por pena capital, nunca más, por ningún motivo puede ser condenado al patíbulo. Por lo tanto, Barrabás es libre.

El reo, entonces, crispa los puños y, con los ojos anegados en lágrimas, grita hacia el cielo: "Carpintero, tomaste mi muerte, me diste tu vida; carpintero, ¿por qué me amas si debo ser odiado?". ¡Oh, Barrabás–Adán, hombre caído!, porque de tal manera amó Dios al mundo que ha dado a su Hijo unigénito. Barrabás, en la novela, se convierte al cristianismo y, por predicar el evangelio entre los gentiles, llega a ser un mártir de la sagrada causa. (Bueno, les recomiendo la película del mismo nombre, protagonizada por Anthony Quinn, que está disponible en videotiendas).

El amor de Cristo debe morar en nuestros corazones si es que tenemos el Espíritu Santo. Los cristianos no podemos odiar a nadie en absoluto, ni siquiera a los que nos odian; es aceptable humanamente que no seamos sus amigos, pero no los podemos odiar, sino hemos de amarlos espiritualmente con ese amor "ágape" que viene del corazón de Dios, capaz de amar a todos por igual, incluso a los que odian a quienes los aman.

El amor amistad

Philleos es un vocablo griego de mucha fuerza, del cual se deriva la palabra filantropía. *Philleos*, amor; *antropos*, hombre. La filantropía es el amor a la humanidad, que se supone es el que practican los así llamados filántropos. La Biblia, por su parte, define el amor amistad como *philleos*. Un buen ejemplo `puede hallarse en la relación que mantuvieron David y Jonatán. El padre de este último, Saúl, se llenó de envidia contra David y forjó un plan para matarlo. Jonatán, por contraste, honró hasta las últimas consecuencias la amistad e hizo un pacto con David, según el cual, siempre que el rey quisiera eliminarlo., él le daría aviso a su amigo, para que escapara de la muerte. Finalmente, cuando el propio Jonatán y su padre mueren a manos de los filisteos, David levanta un salmo de lamento por el rey y por su hijo, en el cual se lee:

¡Cuánto sufro por ti, Jonatán, pues te quería como a un hermano! Más preciosa fue para mí tu amistad que el amor de las mujeres.
2 SAMUEL 1:26

Las antiguas traducciones bíblicas suelen traer equívocos. Hace casi quinientos años don Casiodoro de Reina tradujo "amistad" como "amor" y no faltaron acuciosos sinvergüenzas que interpretaran abusivamente ese versículo –ya en el contexto freudiano del siglo XX– como una supuesta prueba de que David y Jonatán eran homosexuales. ¡Que descaro! Si entendieran el salmo conforme a su sentido original, en términos precisos podrían decir: "más preciosa fue para mi tu *philleos* que el *eros* de las mujeres. Una cosa es amistad, otra cosa es erotismo. La ignorancia siempre será atrevida. Tratemos de interpretar, de una vez por todas, el verdadero concepto de la amistad, desde el punto de vista de Jesucristo.

Nadie tiene amor más grande que el dar la vida
por sus amigos. Ustedes son mis amigos si hacen
lo que yo les mando.

JUAN 15:13–14

Una madrugada, mientras estaba orando, tuve la impresión muy fuerte de que el Señor me hablaba sobre este asunto, y me decía: "En realidad, tengo muchos siervos, pero muy pocos amigos; y me gustaría que tú seas no solo mi siervo, sino mi amigo". Es necesario ser amigos de Jesús, no basta ser sus siervos, pues hay muchos que le sirven pero no son sus amigos. En la iglesia, entre los feligreses, ocurre algo similar, a escala puramente humana: todos son hermanos, pocos son amigos. Hay que cultivar la amistad dentro de las congregaciones. El amigo es más unido que un hermano, dice Salomón. Si hay algo que pone a prueba la santidad es la amistad.

El amor erótico

Eros es, por supuesto, el nombre del diosecillo de la mitología griega, que entre los romanos se llamaba Cupido. Un muchachito sonrosado, de ombligo verde, con unas alitas ridículas, muy parecido a como pintan a los querubines algunos artistas religiosos. Él cargaba a la espalda un carcaj lleno de flechas; y, de pronto, en medio de alguna reunión bien nutrida, las disparaba al azar y clavaba algunas en corazones desprevenidos que, de tal manera, quedaban profunda e inexplicablemente enamorados. Por eso, algunos hablan del "flechazo" para definir una pasión erótica repentina.

El doctor Sigmund Freud dejó muchas cosas descentradas, pero puso otras en su sitio; y fue él quien llamó "erotismo" a la atracción sexual. En las Sagradas Escrituras, esta clase de amor es descripto de una manera terminante. Nosotros, desgraciadamente, guardamos una herencia gnóstica en nuestro inconsciente colectivo, que nos lleva con frecuencia a distorsionar la realidad bíblica al respecto.

En los primeros siglos de la historia cristiana tenía mucha fuerza el movimiento llamado gnosticismo, que era dualista y, por lo tanto, sostenía que el ser humano está formado por dos dimensiones: una espiritual, otra material. Para este sistema, todavía vigente un poco al margen, el espíritu es bueno, el cuerpo es malo; todo lo que se hace con el espíritu agrada a Dios, todo lo que se hace con el cuerpo es pecado. Por lo tanto, la lógica conclusión sería: si el sexo se hace con el cuerpo, el sexo es malo.

Así las cosas, el matrimonio no es sino una graciosa concesión de Dios a la debilidad humana, y el estado superior del hombre es el celibato. Las consecuencias de tal manera de pensar fueron catastróficas: por ejemplo, Orígenes –uno de los teólogos más importantes del siglo II– decidió ahorrarse las tentaciones de la carne haciéndose castrar; y, así también, Agustín de Hipona, a quien Stephan Zweig llamó "el más santo de los sabios y el más sabio de los santos", debido a ese trasfondo gnóstico, abandonó a su concubina, una mujer hermosa e inteligente, y a su hijo que murió de pena moral a los 17 años de edad, habiendo podido servirle a Dios simplemente casándose. De allí se derivan tantas nocivas interpretaciones de ignorancia que en pleno siglo veintiuno se dan dentro del pueblo cristiano sobre el *eros*.

Digamos sencillamente que el sexo es bueno, pues fue creado por Dios; pero digamos, también, que Dios reglamenta todo lo que crea, e impuso claras reglas al sexo. Se cuenta que cuando Billy Graham llegó a Londres en pleno auge de la revolución sexual, una reportera de la BBC le preguntó: –Y usted ¿qué opina del sexo?; y él le contestó con su reconocida simplicidad: –Que es muy bueno cuando se hace según Dios y muy malo cuando se hace según Satanás. Entendamos: el amor *eros*, la natural atracción física del hombre y la mujer, fueron desde el principio y son hoy un claro propósito de Dios nuestro Señor.

Como lo he dicho tantas veces –y lo repetiré una más–: A quién se le ocurre pensar que Dios crea al hombre y a la mujer y les dice: "Bueno, muchachos: ahí los doté de unas hormonas tremendas pero no voy a permitir que las usen; y, si lo hacen, aténganse a las consecuencias". Por el contrario, la Biblia está llena de preciosas escrituras en las cuales se alaba ese amor "eros" del hombre y la mujer enamorados bajo la sombra protectora de Dios. El Cantar de los cantares no es solamente, según Agustín lo pretendía, una alegoría del amor de Cristo por la iglesia, como simbólicamente puede interpretarse; en un contexto muy literal, es trata de un tratado del amor humano. Veamos allí algunas cosas aleccionadoras:

Mi amado es mío, y yo soy suya; él apacienta su rebaño entre azucenas.
CANTARES 2:16

Hasta aquí ha hablado la mujer enamorada sobre su galán, pero observemos ahora cómo el marido él la colma de piropos:

¡Cuán bella eres, amada mía! ¡Cuán bella eres! Tus ojos, tras el velo, son dos palomas. Tus cabellos son como los rebaños de cabras que retozan en los montes de Galaad. Tus dientes son como ovejas recién trasquiladas, que ascienden luego de haber sido bañadas. Cada una de ellas tiene su pareja; ninguna de ellas está sola. Tus labios son cual cinta escarlata; tus palabras me tienen hechizado. Tus mejillas, tras el velo, parecen dos mitades de granadas.

CANTARES 4:1-3

Bueno, después de esta lectura, me parece que va a haber una gran explosión demográfica de cristianos. ¡Quiera Dios que así sea! Dejemos bien claro que el deleite mutuo de la pareja bendecida por Dios en el matrimonio no es solamente un deseo del Señor, sino una orden que Él imparte en su soberanía. Para los cristianos no es válida la tal historia de que "el cónyuge es el deber y el amante el placer"; para nosotros el mismo cónyuge es el mismo amante.

Los matrimonios marcharían muy bien si se leyera en pareja la Palabra de Dios con una actitud un poco menos gnóstica. Mejor aún: sin gnosticismo alguno. Dicho sea de paso, muchos de los mejores poetas han dedicado gran parte de su producción a ese amor *eros*. Por ejemplo, el argentino Francisco Luis Bernárdez, de quien estoy recordando ahora mismo este soneto, que algunas veces le he recitado a mi esposa Esther Lucía:

Dulce como el arroyo soñoliento,
mansa como la lluvia distraída,
pura como la rosa florecida,
y próxima y lejana como el viento.

Esta mujer que siente lo que siento,
y está sangrando por mi propia herida,

tiene la forma justa de mi vida
y la medida de mi pensamiento.

Cuando me quejo es ella mi querella,
y cuando callo mi silencio es ella
y cuando canto es ella mi canción,

cuando confío es ella la confianza,
y cuando espero es ella la esperanza
y cuando vivo es ella el corazón.

LAS DEMOSTRACIONES
DEL AMOR

Hay quienes piensan que la fe es independiente del amor, o viceversa. Algunos razonan: como yo tengo una fe muy fuerte, no necesito amar; otros piensan, como yo amo tanto, no necesito creer. Pero el cristianismo es integral y, por eso, San Pablo, en su confrontación con los judaizantes infiltrados en la iglesia de Galacia, coloca el fiel de la balanza:

En Cristo Jesús de nada vale estar o no estar circuncidados; lo que vale es la fe que actúa mediante el amor.

GÁLATAS 5:6

¡Sorpresa!, la fe no actúa si no hay amor. La fe sola no puede, el amor solo no puede. Voy a poner algunos ejemplos mecánicos: supóngase que abro una llave del acueducto y no sale nada porque está suspendida el agua. Pues bien, el tubo es la fe, el agua es el amor. Imagínese que adquiero un automóvil cero kilómetros y lo tengo guardado en el garaje, sin estrenarlo todavía. Introduzco la llave, la acciono y... el motor no funciona. ¿Qué pasa? El tanque no tiene gasolina. Pues bien, el carro es la fe, la gasolina es el amor. Mira qué dice Pablo: la fe actúa mediante el amor.

Los españoles tomaron su refranero en buena parte de los judíos sefarditas que llegaron a la península desde quinientos años antes de Cristo, con un hablar salpicado de ideas tomadas del libro de los Proverbios; ellos suelen decir: "obras son amores y no buenas razones". En otras palabras el amor no es algo larvado, íntimo o platónico, sino se tiene que demostrar por medio de hechos concretos.

Amor a los enemigos

El Sermón del Monte –se ha dicho razonablemente– es la constitución nacional del reino de los cielos. Este maravilloso documento plantea, por así decirlo, una tecnología existencial que nos enseña cómo vivir en sociedad. Meditemos en algo que dice:

> Ustedes han oído que se dijo: "Ama a tu prójimo y odia a tu enemigo." Pero yo les digo: Amen a sus enemigos y oren por quienes los persiguen, para que sean hijos de su Padre que está en el cielo. Él hace que salga el sol sobre malos y buenos, y que llueva sobre justos e injustos. Si ustedes aman solamente a quienes los aman, ¿qué recompensa recibirán? ¿Acaso no hacen eso hasta los recaudadores de impuestos? Y si saludan a sus hermanos solamente, ¿qué de más hacen ustedes? ¿Acaso no hacen esto hasta los gentiles?
>
> MATEO 5:43–47

El Talión estaba vigente bajo la ley de Moisés, pero ahora es Jesús quien habla, el mismo que hace salir el sol sobre malos y buenos y llover sobre justos e injustos. No he visto la primera vez que el sol haya salido sólo sobre los cristianos; ni, tampoco, que haya llovido únicamente sobre los miembros de mi iglesia. Dios es imparcial y, por lo tanto, su amor también lo es. Amar solamente a quienes nos aman no es ningún mérito. Saludar a los hermanos solamente, ¿qué esfuerzo representa? Somos muy buenos para amar a los que nos aman y saludar a los que nos saludan; pero, a veces, incluso entre nosotros, hay gente que se sorprende porque yo digo en el altar de una iglesia colombiana, en medio de los conflictos que vive el país: Oren por todos. Oren por los militares, por los paramilitares y por los guerrilleros.

Un problema de no pocos cristianos es que aplican la vulgarmente llamada "ley del embudo": la boca ancha para mí, la angosta para los demás. Esa actitud egoísta no es propia de un hijo de Dios. También se ha vuelto normal cierto maniqueísmo en las relaciones interpersonales, por ejemplo en la política: mis amigos son los buenos y los otros los malos, cuando la verdad es que hay malos y buenos en ambos bandos. Digamos, de paso, que el cristianismo no es de izquierda ni de derecha, porque la cruz extiende sus brazos hacia los dos lados.

Digamos, también, que el cristiano no debe ser apolítico por obligación, como algunos pretenden; en este punto, como en pocos, debe funcionar la libertad de conciencia. Lo ocurrido en los Estados Unidos con la reelección de George W. Bush en el año 2004 no significa que los cristianos son todos republicanos, sino que la mayoría votó por principios y valores, porque el candidato demócrata auspiciaba el aborto y los matrimonios entre homosexuales, aparte de que el presidente en ejercicio había declarado públicamente su fe en Jesucristo.

En la política, el cristianismo debe ser acción porque busca moralidad y justicia social, y esta última no es patrimonio exclusivo del marxismo, como algunos suponen. Cuando Carlos Marx habló del "nuevo hombre" y la "nueva sociedad", ¿qué pretendía? Una versión materialista de lo que Cristo llamó la regeneración, que produce un nuevo hombre para que haya una nueva sociedad. Lo que pasa es que eso no lo logra el estado, como pensó Marx, sino el Espíritu Santo, como lo reveló Jesús.

Amor a los extranjeros

En los tiempos que corren, debido al fenómeno de la globalización, la xenofobia se ha incrementado en vez de disminuir, como sería de esperarse. Por otra parte, países como los Estados Unidos de América, formado en su totalidad por inmigrantes, se ven obligados a tomar medidas para frenar la inmigración ilegal, o para legalizarla cuando ya es un hecho. Hoy retoma actualidad una vieja escritura bíblica:

> Así mismo debes tú mostrar amor por los extranjeros, porque también tú fuiste extranjero en Egipto.
> DEUTERONOMIO 10:19

La xenofobia, el odio al extranjero, es un crimen contra la especie humana. En el siglo veintiuno, los latinoamericanos en el exterior están siendo víctimas de rechazo; en Europa los "sudacas" como dicen allá, en Estados Unidos los "latinos" como dicen acá, todo por culpa de los indocumentados, una masa enorme de gente desesperada que, por una u otra razón, se ha ido al país del norte y a España en forma ilegal. Ahora se corre el riesgo de que, por causa de estos inmigrantes anormales, se cierren las puertas para todos. Pero valdría la pena mirarnos a nosotros mismos:

¿De qué manera estamos acogiendo al extranjero en nuestros países? El caso de Colombia es dramático, pues ha sido un país cerrado a la inmigración y muy reticente para aceptar a los pocos extranjeros que habitan en su territorio. No olvidemos la causalidad, llave del poder: lo que yo le hago al otro me lo harán a mí. Es muy lamentable que no se mediten cosas tan elementales como: ¿qué tal que el extranjero fuera yo y me rechazaran?

Hay otros estadios –en sentido literal– donde también la xenofobia ha llegado a unos extremos censurables. Baste mencionar la rechifla que recibió el Himno Nacional estadounidense en un coliseo deportivo de Los Ángeles, antes de un simple partido de fútbol de la selección local frente a la mejicana. Estos brotes muestran una xenofobia de *green go* (gringo) que subyace en el inconciente colectivo latinoamericano y que ahora –¡quién lo creyera!– se importa a los propios Estados Unidos.

Al interior de la iglesia, por nuestra parte, nos convendría escuchar a Jesucristo cuando dice: "Fui forastero y no me acogieron". Todo esto es muy serio. Los cristianos padecemos una aguda crisis de identidad cuando aceptamos ciertas cosas del Señor, pero rechazamos otras. ¿Somos o no somos?, preguntaría Hamlet, el taciturno príncipe de Dinamarca en el drama de Shakespeare: *To be or not to be*, ese es el dilema. ¿Es usted realmente cristiano? O ¿es apenas «seudocristiano, o cristino, o cristianoide»? Sin menospreciar a su patria, recuerde que en la tierra los cristianos somos extranjeros, porque no pertenecemos a este planeta, pues hemos sido nacionalizados como ciudadanos del cielo.

El amor de padres e hijos.

Este es un amor natural, nace espontáneamente, no requiere muchos estímulos; pero hoy en día, desgraciadamente, la discordia entre padres e hijos, los problemas paterno–filiales, están a la orden del día. Y algo es seguro: no hay avivamiento espiritual donde no hay reconciliación familiar. La gente que no ha entendido eso, debería revisar aquel pasaje bíblico en el que aparece Juan el bautista como el heraldo de Jesucristo, su precursor, propiamente quien viene a decir cómo poner las cosas en orden para que el Señor pueda manifestarse. El evangelio nos entrega esta clave sorprendente:

> Él irá primero, delante del Señor, con el espíritu y el poder de Elías, para reconciliar a los padres con los hijos y guiar a los desobedientes a la sabiduría de los justos. De este modo preparará un pueblo bien dispuesto para recibir al Señor.
> Lucas 1:17

El papel de Juan es reconciliar a padres e hijos, porque solo así el pueblo estará correctamente dispuesto para la revelación del Mesías. Por lo tanto, mientras exista discordia entre padres e hijos, no es posible discernir al Señor. La célula básica de la sociedad es el hogar; por eso, desde el principio de mi iglesia, se ha enfatizado que debe ser una unión de hogares, de "casas sobre la Roca", porque el Señor no está interesado en sistemas religiosos, ni en fundar una denominación más, sino en una asociación vital de familias construidas sobre la roca inconmovible de su Palabra, para que nunca caigan. Muchos celebran el llamado "día de la madre", queriendo honrar un gran misterio de la naturaleza;

pero olvidan que ser madre no es solamente dar a luz, porque concebir y parir pueden ser simples accidentes biológicos, y muchas madres adoptivas son de hecho mejores madres que las desnaturalizadas madres genéticas de hoy.

Y tengo ahora que referirme a un asunto espinoso: en pleno siglo veintiuno, el mundo católico insiste en las apariciones de María, que son simplemente estados alterados de conciencia, fenómenos que no se dan en la realidad. Pero debo decir con franqueza que no le conviene al prestigio del cristianismo, y además es totalmente antibíblico, el estilo de algunos evangélicos que creen hacerle un gran favor a Jesucristo menospreciando a su madre humana. ¿No dice la Biblia que la llamarán "bienaventurada" todas las generaciones? Entre millones de vientres de millones de mujeres fue el de ésta humilde virgen de Nazaret el que el Señor escogió para gestar allí su vida humana. Ciertamente no podemos rendirle culto a María, porque la Biblia dice claramente que el culto se le rinde a Dios, no a las criaturas.

María es una criatura de Dios; y, por lo tanto, no es la madre de la naturaleza divina de Jesucristo, sino de su naturaleza humana; ya que, si Dios tuviera madre, dejaría de ser Dios. Otro punto que vale la pena aclarar: Algunas personas se imaginan, por su trasfondo católico–romano, que María es exaltada por ser virgen; sin embargo, esa no es la motivación, aunque era necesario que fuera virgen para que se cumpliera el propósito de Dios de que una mujer que no hubiera tenido contacto sexual con un varón fuera fecundada por obra del Espíritu Santo. Correcto, tenía que ser virgen, pero no es propiamente la virginidad la virtud por la cual las Sagradas Escrituras la exaltan; entre otras cosas, porque toda mujer judía candidata al matrimonio tenía que ser necesariamente virgen. ¿Cuál es, entonces, el mérito de María? Su prima Elizabet lo deja bien claro:

¡Dichosa tú que has creído, porque lo que el
Señor te ha dicho se cumplirá!
LUCAS 1:45

María es dichosa, que quiere decir bienaventurada, no por ser virgen, sino porque ha creído la promesa de Dios. Bienaventurada por su fe, no por su virginidad. La propia María, por su parte, ofrece claridad en otro aspecto cuando entona el *Magnificat*:

Entonces dijo María: –Mi alma glorifica al Señor,
y mi espíritu se regocija en Dios mi Salvador.
LUCAS 1:46–47

Nótese que María no dice "el Salvador", ni "vuestro Salvador", sino "mi Salvador", fórmula con la cual reconoce que ella misma necesita un salvador personal. Colocadas estas cosas en orden, el mejor homenaje que le podemos rendir a la bienaventurada virgen María es imitar su ejemplo de fe y obediencia a la palabra de Dios.

El amor a los hermanos

La Biblia contiene maravillosas enseñanzas sobre el amor. El marco teórico más usual de los predicadores es 1 Corintios 13, en cuyo texto el amor supera a los dones espirituales. No la transcribiré esta vez, pero recomiendo la lean y mediten en su contenido. Quisiera, más bien, concluir este tema tomando como base 1 Juan 4:7,19, para hacer algunas consideraciones pertinentes:

El amor viene de Dios y el que ama conoce a Dios porque ha nacido de nuevo. Sin amor no hay regeneración. El nuevo nacimiento es obra del amor y, por eso, la nueva criatura ama.

> Queridos hermanos, amémonos los unos a los otros, porque el amor viene de Dios, y todo el que ama ha nacido de él y lo conoce.
> 1 Juan 4:7

El odio es un resultado de la ignorancia espiritual, de no conocer a Dios, cuya esencia es el amor. Odiar es amar a Satanás. El odio es pecado, y pecar es odiar a Dios.

> v. 8 El que no ama no conoce a Dios, porque Dios es amor.

Jesucristo es propiamente la encarnación del amor de Dios y por medio de él tenemos vida. La vida y el amor van juntos, al igual que la muerte y el odio son hermanos gemelos.

> v. 9 Así manifestó Dios su amor entre nosotros: en que envió a su Hijo unigénito al mundo para que vivamos por medio de él.

Dios nos amó antes de que nosotros pudiéramos amarlo y, por amor, nos dio el perdón mediante el sacrificio de su Hijo. El perdón es el hijo primogénito del verdadero amor.

> v. 10 En esto consiste el amor: no en que nosotros hayamos amado a Dios, sino en que él nos

amó y envió a su Hijo para que fuera ofrecido como sacrificio por el perdón de nuestros pecados.

El amor de Dios por nosotros, debe inspirarnos para amarnos los unos a los otros. Si todo hombre es imagen y semejanza de Dios, debo amar a todo hombre.

> v. 11 Queridos hermanos, ya que Dios nos ha amado así, también nosotros debemos amarnos los unos a los otros.

Aunque a Dios nadie lo puede ver, su presencia es real entre aquellos que se aman, como la presencia de Satanás es real entre todos los que se odian. El amor es luz, el odio es tinieblas.

> v. 12 Nadie ha visto jamás a Dios, pero si nos amamos los unos a los otros, Dios permanece entre nosotros, y entre nosotros su amor se ha manifestado plenamente.

La forma segura de saber que Dios está en nosotros, y nosotros en Dios, es por medio del Espíritu Santo, cuyo fruto es amor. Amar es dejarse guiar por la Tercera Persona de la Trinidad.

> v. 13 ¿Cómo sabemos que permanecemos en él, y que él permanece en nosotros? Porque nos ha dado de su Espíritu.

El Salvador vino al mundo y, cuando así lo reconocemos, sabemos y creemos que Dios en verdad nos ama. Saber y creer son resultados directos y lógicos del amor.

> vv. 14–16 Y nosotros hemos visto y declaramos que el Padre envió a su Hijo para ser el Salvador del mundo. Si alguien reconoce que Jesús es el Hijo de Dios, Dios permanece en él, y él en Dios. Y nosotros hemos llegado a saber y creer que Dios nos ama. Dios es amor. El que permanece en amor, permanece en Dios, y Dios en él.

El amor garantiza nuestra confianza para el día del juicio, porque si amamos, hemos vivido como él vivió. El resultado de esa clase de vida será necesariamente galardón:

> v. 17 Ese amor se manifiesta plenamente entre nosotros para que en el día del juicio comparezcamos con toda confianza, porque en este mundo hemos vivido como vivió Jesús. En el amor no hay temor.

El amor nos perfecciona cuando nuestros temores desaparecen, pues temer el castigo es una muestra de la falta de amor. En verdad, temer es tener fe en el diablo:

> v. 18 sino que el amor perfecto echa fuera el temor. El que teme espera el castigo, así que no ha sido perfeccionado en el amor.

La razón por la cual nosotros podemos amar a Dios descansa sobre la realidad de que él nos amó antes a nosotros. Nuestro amor humano es posterior al amor divino:

> v. 19 Nosotros amamos a Dios porque él nos amó primero.

No es posible amar a Dios y odiar al hermano. Si no amamos al hermano, que es visible y palpable para nosotros, ¿cómo pretendemos amar al Dios invisible e impalpable?

> v. 20 Si alguien afirma: «Yo amo a Dios», pero odia a su hermano, es un mentiroso; pues el que no ama a su hermano, a quien ha visto, no puede amar a Dios, a quien no ha visto.

El amor tiene carácter de mandamiento, no se trata de algo opcional. Dios ordena que amemos a nuestros hermanos, si es que verdaderamente pretendemos amarlo a él.

> v. 21 Y él nos ha dado este mandamiento: el que ama a Dios, ame también a su hermano.

Como ya se dijo, el amor es fruto de un árbol producido por una semilla. Esta realidad me ha hecho recordar, a propósito, uno de los "Sonetos espirituales", de Juan Ramón Jiménez, el andaluz universal, Premio Nobel de Literatura en 1956, a quien la Academia Sueca destacó "por haber dominado como nadie el difícil arte de la sencillez". El título de esa producción es "Octubre", a cuyo texto quiero que ustedes presten especial atención, porque habla de nuestro tema: la semilla, el árbol, el fruto.

Estaba echado yo en la tierra, enfrente
del anchuroso campo de Castilla,
que el otoño envolvía en la amarilla
dulzura de su claro sol poniente.

Lento el arado, paralelamente,
abría el asa oscura, y la sencilla
mano abierta dejaba la semilla
en su entraña partida honradamente.

Quise tomar mi corazón y echarlo
–pleno de su sentir alto y profundo–
al negro surco del terruño tierno,
a ver si con romperlo y con volcarlo,
la primavera le mostraba al mundo
el árbol puro del amor eterno.

3. LA ALEGRÍA DE DIOS

Porque ¿quién puede comer y alegrarse,
si no es por Dios?
ECLESIASTÉS 2:25

La palabra alegría resulta más expresiva que la palabra gozo, utilizada por antiguas versiones, porque gozo tiene más que ver con el placer. Regocijo, otra palabra que a veces se usa, define algo momentáneo, o eventual; pero "alegría" cubre todos los aspectos que el Espíritu Santo nos quiere transmitir. Alabanza, por otra parte, es un ministerio que utiliza la alegría. Todos están de acuerdo en que la alegría es uno de los mayores anhelos del hombre, como expresión de la felicidad que busca en forma natural. El ser humano en el Edén era feliz; y, por lo tanto, vivía alegre. La tristeza era algo desconocido totalmente para él antes de la caída. Adán fue diseñado por Dios para ser feliz, pero perdió su felicidad, y, con ella, su alegría por una sola causa: el pecado.

El gran poeta francés Albert Samain escribió un verso terrible pero muy realista: "El hombre es un animal triste". Alejada de Dios, ¿qué es lo que busca la humanidad caída? Ser feliz. La búsqueda de la felicidad es instintiva en el hombre; pero –como la practica a toda costa, por sus propios medios, en su propia prudencia–, el único resultado que obtiene de esta manera es aumentar la tristeza, hacer más grande el vacío interior, acrecentar eso que se llamó en el siglo pasado, con muy buen juicio, la "angustia existencial".

El desengaño, la amargura, el resentimiento, llevan al hombre a tropezar y caer cada vez más profundamente. El alcohol, las drogas, el sexo desordenado, la codicia de los bienes materiales y, con lamentable frecuencia, la búsqueda de lo trascendente por caminos equivocados –sectas ocultistas, falsas religiones, etc.– no pueden satisfacer al hombre. Agustín de Hipona enseñó, en forma muy acertada, que el ser humano nace con un gran vacío interior que sólo se puede llenar con la presencia de Dios. Por eso, es inútil buscar la felicidad en opciones distintas. Todo lo que el hombre pretenda para ser feliz es un esfuerzo perdido fuera del camino de Dios.

Desgraciadamente, buena parte del cristianismo fue, desde un principio, influenciada por corrientes ajenas a la Biblia; y, debido a eso, se ha cometido durante veinte siglos el error garrafal de entristecer al hombre, deprimirlo, llevarlo a una vida de amargura, en la práctica de un ascetismo mal entendido. El gran poeta norteamericano Randall Jarrell escribió un verso portentoso:

"El dolor viene de la oscuridad
y lo llamamos sabiduría".

El hombre solo aprende y se hace sabio a base del dolor, ciertamente; pero el dolor nace en las tinieblas. Dios es luz y en él no hay dolor. En el reino de luz no hay tristeza. El cristianismo por sí mismo y en sí mismo es alegría de vivir.

San Pablo, al enumerar el fruto del Espíritu Santo, coloca la alegría justamente después del amor. Confiemos en que el tema de la alegría pueda derrotar el miserabilismo que hoy muestra a los cristianos como caricaturas de hijos de Dios, una especie de "homínidos", como diría Teilhard de Chardin; nuevas criaturas a medio formar, bocetos de hombres mejores, proyectos de algo ideal que todavía no es posible, pero no seres humanos verdaderos transformados por el poder del Dios topoderoso. La tendencia descrita lleva a muchos a hacer de la tristeza todo un estilo de vida. (¿Masoquismo espiritual?) Pero, algo es seguro: si el sufrimiento vino por causa del pecado, Satanás es el inventor del sufrimiento.

LA ALEGRÍA DIVINA

El deseo del corazón de Dios es que seamos felices en el cielo y vivamos felices, también, aquí en la tierra. Si Dios es Padre –como lo es– la pregunta que podría servirnos es simple y directa: ¿qué padre quiere ver sufrir a sus hijos? Con mayor razón, Dios nuestro Padre lo único que quiere es que sus hijos seamos completa y absolutamente felices.

La alegría del Padre

Sofonías es un profeta adecuado para creyentes de hoy. En una escritura sobre la relación de Dios con su pueblo se deleita diciendo:

> Porque el SEÑOR tu Dios está en medio de ti como guerrero victorioso. Se deleitará en ti con gozo, te renovará con su amor, se alegrará por ti con cantos como en los días de fiesta. »Yo te libraré de las tristezas, que son para ti una carga deshonrosa.
>
> SOFONÍAS 3:17–18

El Señor está en medio de nosotros. ¿Cuántos le han creído realmente a Jesús cuando afirma que donde haya dos o más reunidos en su nombre, él estará en medio de ellos? Para quienes no lo dudan, será real también que Él se deleita con gozo en medio de los creyentes, que les renueva su amor. El Señor se alegra por nosotros con cantos y llama a la tristeza "una carga deshonrosa". Dios es un ser infinitamente y eternamente alegre, y su Palabra dice que nosotros, sus hijos, somos su alegría.

La alegría de Cristo

Están muy equivocados los que miran a Jesús como alguien solemne, seco, desprovisto de toda alegría. Si él es Dios, posee la alegría divina en forma naturalmente divina, divinamente natural. Veamos un ejemplo evangélico adecuado al tema:

> En aquel momento Jesús, lleno de alegría por el Espíritu Santo, dijo: «Te alabo, Padre, Señor del

cielo y de la tierra, porque habiendo escondido estas cosas de los sabios e instruidos, se las has revelado a los que son como niños. Sí, Padre, porque esa fue tu buena voluntad.

LUCAS 10:21

Allí dice "lleno de alegría". ¿Por qué se alegra así el Señor? Por los niños. Un corazón sincero y transparente no necesita hacer grandes esfuerzos ni tener estímulos artificiales para alegrarse. Esa clase de corazón se alegra con las cosas sencillas de la vida. Los niños, en su misteriosa sencillez, producen una gran alegría. Y este pasaje tan pletórico, tan rebosante muestra a un Jesús como auténtico ejemplo de alegría. Cuando Jesús se encuentra al borde de la cárcel y de una sentencia de muerte, pronuncia su última oración antes de su sacrificio. Analicemos lo que dice al Padre:

Ahora vuelvo a ti, pero digo estas cosas mientras todavía estoy en el mundo, para que tengan mi alegría en plenitud.

JUAN 17:13

Próximo a entregar su vida, Jesús clama porque su alegría en plenitud habite en quienes creemos en él. Observemos con cuidado esta clave: Jesús va a volver al Padre pero pide que su alegría esté en nosotros. Y ¿cuál es la alegría de Jesús? La del propio Padre que, como ya lo vimos, es alegre. Ahora él quiere y pide que esa alegría esté en nosotros. ¿De qué manera? ¡En plenitud! No habla de una alegría recortada o parcial, ni de una alegría para de vez en cuando, es decir, una alegría eventual. Habla claramente de una alegría plena. ¿De dónde habrá salido la perversa idea de que el cristianismo es triste y lacrimógeno? De que muchos se quedaron en la cruz y no entendieron que Jesús resucitó; y –gracias a Dios– la resurrección produce alegría.

La alegría del Espíritu Santo

Todos conocen y saben de memoria Gálatas 5:22,23. Allí enumera San Pablo los distintos tópicos del fruto del Espíritu Santo; comienza con amor, y sigue con alegría. ¿Por qué ya no dice gozo como don Casiodoro de Reina tradujo y muchos quisieran conservar? Porque, aunque son palabras sinónimas, alegría abarca mucho más que gozo.

Alegría, en el griego, es la palabra *chara*, que proviene del verbo *chairó*. ¿Qué significa? Tratando de traducirla de la mejor manera posible, habla de un "estímulo emocional positivo permanente", define el vivir con alegría, ser una persona alegre todo el tiempo. La palabra castellana "Consolador", aplicada al Espíritu Santo, es en griego *parakletos*, que no significa sólo consuelo, sino define a alguien que anima, alivia, levanta y alegra. El Espíritu Santo es el alegrador,

LA ALEGRÍA DEL CREYENTE

Recapitulemos: hay una alegría en el corazón de Dios que se trasvasa al corazón de Cristo, que luego Cristo la transmite al corazón de los creyentes, a través del Espíritu Santo. La alegría del creyente llega hasta la risa en determinadas circunstancias. Puedo afirmar que, algunas veces, el Señor me ha hecho reír a carcajadas. Esto no significa que yo sea partidario de la extravagancia de última moda que algunos han llamado "la risa santa". Los adeptos de esta peregrina idea afirman que la orden del Espíritu .Santo para el siglo XXI es que, en los templos, todos mostremos el gozo del Señor a carcajadas, porque la nueva dispensación del Divino Consolador es la risa incontenible e histérica.

Pues bien, aunque el Señor a veces nos hace reír, y nadie negaría que la risa es "un remedio infalible", como dice la revista Selecciones, el cristianismo no es un circo de payasos, sino algo muy serio y sagrado; y los templos, lugares donde nos reunimos a postrarnos con respeto y temblor ante la presencia de un Dios santo. No ante Momo, el dios pagano de la risa.

Alegría por la fe

Un examen cuidoso de la doctrina apostólica mostrará a las claras la íntima relación que guardan la fe y la alegría. No se puede creer sin alegrarse, no se puede ser alegre sin creer. A propósito, escribe el apóstol San Pablo a los discípulos de la capital del imperio y les dice:

> Que el Dios de la esperanza los llene de toda alegría y paz a ustedes que creen en él, para que rebosen de esperanza por el poder del Espíritu Santo.
>
> ROMANOS 15:13

Siempre que se menciona la alegría en la Biblia, está presente el Espíritu Santo. Aquí utiliza el apóstol un lenguaje netamente positivo. Meditemos en las palabras "esperanza, paz, poder espiritual y alegría". ¿Cuál es la columna vertebral del pasaje? Todos los bienes que producen alegría, llegan a los que creen en Dios. Alegría por la fe. La fe llena al cristiano de santa alegría.

Alegría por la Palabra de Dios

El Sagrado Libro es, en sí mismo, una fuente de alegría. Leerlo diariamente predispone al buen ánimo, al optimismo, al gozo, aún si se presentan circunstancias adversas. Pablo lo define bien:

> Ustedes se hicieron imitadores nuestros y del Señor cuando, a pesar de mucho sufrimiento, recibieron el mensaje con la alegría que infunde el Espíritu Santo.
>
> 1 Tesalonicenses 1:6

Aprendamos a leer con inteligencia, como debe ser siempre, las Sagradas Escrituras. Los tesalonicenses tenían motivos para el sufrimiento y, a pesar de eso, o precisamente por eso, ellos recibieron el mensaje que Pablo les daba, es decir, la Palabra de Dios, con alegría. ¿Qué clase de alegría? La que infunde el Espíritu Santo; es decir, la alegría del Padre que viene por el Hijo y que los creyentes recibimos a través del Consolador. La Palabra de Dios es, pues, fuente de alegría, así algunos solo lean las Lamentaciones de Jeremías en vez de buscar los pasajes positivos de la Biblia, que son tan abundantes. (Es solo una broma).

Alegría por el poder

La dotación de poder sobrenatural del Espíritu Santo debería ser, por sí sola, un motivo de inmensa alegría; sin embargo, hay quienes experimentan, más bien, soberbia y cólera cuando la reciben. Los tales harían bien en revisar el evangelio para sacar lecciones adecuadas:

Cuando los setenta y dos regresaron, dijeron contentos: –Señor, hasta los demonios se nos someten en tu nombre.

LUCAS 10:17

Los setenta y dos discípulos regresaron contentos. Estar contento es estar alegre. ¿Y por qué están tan contentos, es decir, tan alegres? Porque pueden derrotar a los demonios, porque tienen poder sobre las fuerzas de tinieblas. El más grande teólogo del siglo XX es, probablemente, Karl Barth, quien dijo cosas que nos hacen meditar profundamente. Él era de estirpe presbiteriana pero fue el creador de un sistema de análisis de las escrituras que se llama neo–ortodoxia, según el cual, podemos ser continuamente nuevos sin renunciar al conjunto de doctrinas que hemos creído todos en todo lugar y en todo tiempo.

En su "Dogmática", al hablar sobre los demonios, él dijo que la principal función que cumplen en el tiempo actual es buscar que los cristianos les teman. Y lo grave –digo yo al margen del doctor Barth– es que lo consiguen con mucha eficiencia. Pero la Escritura afirma algo diferente: Nosotros, como los setenta y dos aludidos en el evangelio, tenemos el poder del Espíritu Santo para derrotar a los demonios y hacer que nos obedezcan. ¿Por qué habrá cristianos que no han entendido una cosa tan sencilla, que ellos tienen autoridad sobre los demonios, que los demonios no tienen autoridad sobre ellos? Por eso llevan vidas infelices, es decir, vidas sin alegría.

Alegría por la salvación

Ahora bien, sucede que estos hombres están felices, contentos, alegres de que los demonios les obedezcan, pero Jesús los hace caer en la cuenta de una prioridad más grande:

Sin embargo, no se alegren de que puedan some-
ter a los espíritus, sino alégrense de que sus nombres están escritos en el cielo.

LUCAS 10: 20

Lo más importante no es el poder, sino la salvación eterna. Y ¿cómo puede haber cristianos tristes, llorones, derrotados, si sus nombres están inscritos en el cielo? ¡Por Dios,
qué les pasa! Aunque Jesucristo dice en forma terminante:
"Alégrese de que su nombre está registrado en mi libro, si
usted cree en mí", hay quienes viven fracasados, amargados
y deprimidos; quizás la razón es de carácter grave: esas personas no tienen seguridad de salvación, pues no leyeron a
San Pablo –o no lo entendieron– cuando afirma que ya no
hay ninguna condenación para los que están en Cristo Jesús.
Muchos, pues, no tienen alegría porque no están seguros
cien por ciento de su vida eterna. Algo es irrefutable: el que
tiene seguridad de la vida eterna, tiene seguridad en su vida
terrenal. Lo uno depende de lo otro.

Alegría por la sanidad

Cuando la iglesia recién está comenzando en Jerusalén,
ocurre una escena maravillosa, que la pluma periodística de
Lucas relata en estilo impactante:

Un día subían Pedro y Juan al templo a las tres
de la tarde, que es la hora de la oración. Junto a
la puerta llamada Hermosa había un hombre
lisiado de nacimiento, al que todos los días deja-
ban allí para que pidiera limosna a los que entraban en el templo. Cuando éste vio que Pedro y
Juan estaban por entrar, les pidió limosna.
Pedro, con Juan, mirándolo fijamente, le dijo:

–¡Míranos!

El hombre fijó en ellos la mirada, esperando recibir algo.

No tengo plata ni oro –declaró Pedro–, pero lo que tengo te doy. En el nombre de Jesucristo de Nazaret, ¡levántate y anda!

Y tomándolo por la mano derecha, lo levantó. Al instante los pies y los tobillos del hombre cobraron fuerza. De un salto se puso en pie y comenzó a caminar. Luego entró con ellos en el templo con sus propios pies, saltando y alabando a Dios.

HECHOS 3:1,8

¡Me encanta la Nueva Versión Internacional! Mira que dice "tres de la tarde", y no "la hora novena" –o, peor aún, "hora nona"–, una medición romana de hace dos mil años que nadie utiliza hoy. Las tres de la tarde, así ya uno sabe a qué horas iban Pedro y Juan al templo a orar. El punto culminante del relato es el cojo saltando y alabando a Dios. Alegría por la sanidad. Hay tantos motivos por los cuales estar alegres, pero la sanidad es uno de los más grandes. Saber que el Divino Sanador cargó mis enfermedades y dolencias hace dos mil años, no hoy. Es maravilloso tener la certeza de que fui sanado hace veinte siglos en la cruz. ¡La sanidad nos da felicidad!

MOTIVOS DE ALEGRÍA

Son tantas las cosas que podríamos citar directamente de las Sagradas Escrituras como legítimos motivos de alegría para el cristiano, que el tiempo sería realmente insuficiente. Por lo tanto, voy a limitarme a una historia bíblica típica sobre la alegría para que saquemos de allí algunos ejemplos provechosos. Hablando en términos modernos –o, mejor dicho, posmodernos– el libro de Ester es una telenovela bíblica; pero ésta podría llamarse "Ester la bonita", por contraste con "Betty la fea".

¿Cuál es la trama? Para escoger esposa, el emperador de ese tiempo, Asuero, organiza una especie de reinado de Miss Universo. Vienen jovencitas procedentes de ciento veintisiete provincias del imperio persa a desfilar en el palacio real, y, después de muchas pruebas, finalmente es escogida Ester, hija adoptiva de un judío importante llamado Mardoqueo. Cuando ya ella es la esposa del rey, se desencadena una serie de circunstancias muy dramáticas porque el primer ministro –un hombre perverso llamado Amán– decide exterminar a los judíos y, en su tenaz empeño, consigue que el rey firme un decreto que ordena el holocausto. (Siglos después, Adolfo Hitler solo copió la idea de su antecesor ario Amán.)

Para abreviar, la reina desenmascara el plan y Asuero dicta un nuevo decreto por medio del cual exalta al pueblo judío, lo declara libre, le da honra delante del imperio y, aparte de eso, utiliza la estaca destinada por Amán a Mardoqueo para clavarlo a él mismo, mientras el judío lo reemplaza en el alto cargo. Se produce entonces un estallido de alegría del pueblo cautivo en Persia. Veamos:

Alegría por la luz y el honor

Se ha dado vuelta a la torta en forma increíble: un pueblo cautivo, esclavizado, víctima de xenofobia, salta de pronto al lugar de preeminencia dentro de aquella sociedad formada por tan variadas etnias y naciones:

Para los judíos, aquél fue un tiempo de luz y de
alegría, júbilo y honor.

ESTER 8:16

Observe bien el lenguaje: luz y alegría, júbilo y honor.
Los judíos estaban en tinieblas, habían sido deshonrados,
desacreditados, no se podían mostrar a la luz del día y ahora
de pronto, por esta obra prodigiosa que Dios hizo en el
imperio persa, se les restituye la honra y pueden andar sin
temor a pleno sol, porque han sido reivindicados. El pueblo
cristiano ha estado en condiciones similares a través de la
historia, desde las catacumbas romanas hasta la América
Latina del siglo XXI donde las cosas empiezan a cambiar a
través de reformas legales que han logrado sacar a los evangélicos de la clandestinidad.

Pronto ya no estaremos en tinieblas, tendremos honor y
nos mostraremos a la luz en un continente donde haya
libertades de conciencia y de cultos, en igualdad de condiciones con el gran sistema religioso que ha ejercido quinientos años de monopolio en nuestros países. En Colombia,
Dios nos ha honrado abiertamente y debemos estar alegres
por la luz y el honor que hemos recibido, como los judíos
en el tiempo de Asuero. Dios honra a plena luz a sus hijos,
porque ellos son la luz del mundo.

Alegría por la conversión

En medio de todo, conviene no olvidar el gran valor del
testimonio. Cuando las gentes ven los prodigios que Dios
hace con su pueblo, se sienten atraídas hacia él.

v. 17 En cada provincia y ciudad adonde llegaban
el edicto y la orden del rey, había alegría y regocijo

entre los judíos, con banquetes y festejos. Y muchas personas de otros pueblos se hicieron judíos por miedo a ellos.

Aquellos gentiles veían los grandes sucesos que ocurrían a este pueblo y se hacían judíos, se convertían al Dios de Abraham, de Isaac y de Jacob. Ojalá pudiéramos hoy decir que muchos se hacen cristianos porque ven lo que Dios obra con nosotros. Hay gente que se convierte por fascinación y por temor. ¿Y cómo se manifestaban en Persia la alegría y el regocijo? Con banquetes y festejos.

Algunos evangélicos de viejo cuño sacarían esas palabras de las Sagradas Escrituras, pero la Biblia nos enseña que no es malo disfrutar actividades sociales sanas. El pueblo judío hacía y hace banquetes y festejos para honrar a Dios. Y, desde luego, los primeros cristianos se reunían en ágapes fraternos. Muchas gentes de hoy no se convierten porque no ven alegría en los cristianos. Para vivir acongojados, pueden seguir en el mundo.

Alegría por la amistad

Los judíos son un pueblo de fuertes tradiciones, basadas en el recuerdo de las bendiciones recibidas de Dios. Aquí tenemos un buen ejemplo:

> Por eso los judíos de las zonas rurales –los que viven en las aldeas– celebran el catorce del mes de *adar* como día de alegría y de banquete, y se hacen regalos unos a otros.
>
> ESTER 9:19

Todavía hoy celebran los israelíes –y los judíos de todo el mundo– el catorce del mes de adar que, en su calendario, es el día de la alegría, una ocasión para la amistad, en la cual se hacen regalos unos a otros. Permítaseme decir que nada tiene de malo intercambiarse presentes y comer juntos los amigos. A veces me pregunto, con curiosa inquietud: ¿Por qué habrá cristianos aburridos e insociables si la amistad es fuente de felicidad?

Alegría por la liberación

Se destacaba un motivo central para estos festejos que todavía se celebran: Dios los había librado de sus enemigos. Estas efemérides fueron, por lo tanto, una exigencia divina:

> vv. 21,22a exigiéndoles que celebraran cada año los días catorce y quince del mes de *adar* como el tiempo en que los judíos se libraron de sus enemigos, y como el mes en que su aflicción se convirtió en alegría, y su dolor en día de fiesta.

Produce mucha alegría ser librado de los enemigos, ciertamente; pero, cuando ya uno no reconoce enemigos porque a todos los ha perdonado, eso le da libertad espiritual. ¡La felicidad nace de la libertad!

Alegría por la hospitalidad

Como lo he dicho en otras oportunidades, hospitalidad no quiere decir solamente llevar una persona a dormir a casa, como algunos se imaginan. (Dicho sea de paso, hay que tener mucho cuidado con esos que dicen "vivir por fe", porque los hospeda usted en su casa y corre el riesgo de amanecer sin electrodomésticos. Casos se han visto).

> v. 22b Por eso debían celebrarlos como días de banquete y de alegría, compartiendo los alimentos los unos con los otros.

La hospitalidad es, sobre todo, una actitud del corazón. Ser hospitalario, por ejemplo, es compartir la mesa unos con otros, como lo hemos leído. Convendría hacerlo entre los cristianos de hoy que son un poco aislacionistas y exclusivistas, para hablar con franqueza.

Alegría por la compasión.

Al final se dice algo concreto y bello, que no puede pasarse por alto entre cristianos, aunque algunos lo hacen en forma lamentable y permanente:

> v. 22c y dándoles regalos a los pobres.

Tenemos, pues un cuadro completo de alegría de un pueblo agradecido por la infinita bondad de Dios, pero que piensa en los necesitados, en los pobres. Una de las más grandes calamidades del pueblo protestante en estos países ha sido la idea de que, como la salvación es por fe, suele olvidarse de las buenas obras. Conviene releer a Santiago cuando dice que "la fe sin obras es muerta en sí misma". Ciertamente las obras no salvan, pero el que no hace buenas obras está demostrando que en realidad no cree, ya que las obras son el testimonio de la fe.

Francamente, es difícil imaginarse a San Pablo como oficial del Ejército de Salvación o dedicado a la Operación Bendición, repartiendo mercados y ayudas económicas en los barrios marginales o las veredas campesinas. Sin embargo, no se pase por alto lo que él mismo les escribe a los Gálatas: "·Fuí a Jerusalén a los que eran apóstoles antes que yo y ellos nada nuevo me comunicaron, solamente me recomendaron que no me olvidara de los pobres" y luego añade: "cosa que he procurado con diligencia hacer". Es imposible ser feliz si no se tiene el corazón caritativo. No hay felicidad sin caridad.

Alegría por hacer el bien

Iremos ahora a otro libro importante en las Sagradas Escrituras, Eclesiastés, del rey Salomón, antepasado directo de Jesús de Nazaret, para continuar analizando los motivos de alegría del cristiano. Me impacta lo que declara el más sabio de los antiguos en un breve versículo:

> Yo sé que nada hay mejor para el hombre que alegrarse y hacer el bien mientras viva.
> ECLESIASTÉS 3:12

¿Qué mayor alegría se puede experimentar que hacer el bien? Uno se hace a sí mismo el bien practicando la virtud, llevando una vida piadosa y austera, en la presencia de Dios todo el tiempo; pero, además, haciendo el bien a otros. Nótese que Salomón habla de alegrarse y hacer el bien; es porque hacer el bien produce alegría, y la alegría conduce a hacer el bien.

Alegría por la sana diversión

¿Acaso los cristianos nos podemos divertir? Dios reprenda el espíritu inmundo que lleva a mucha gente a perder el buen ánimo, la cordialidad, la simpatía y la capacidad de recrearse. ¿Qué dice el Sagrado Libro?

> Para alegrarse, el pan, para gozar, el vino, para disfrutarlo, el dinero.
> ECLESIASTÉS 10:19

Muchos legalistas y miembros de la "franja lunática" del evangelio pagarían porque alguien sacara estas palabras de la Biblia. Ellos prefieren "el pan de dolores" de Isaías al pan de alegría de Salomón; son recabitas y no gozan una copa de vino con el almuerzo; hacen votos de pobreza para no disfrutar el dinero. El plan de Dios no es que vivamos aburridos ni infelices, sino que disfrutemos, entre muchísimas, tres bendiciones: el pan, que nunca nos falte la comida; el vino que, en las Sagradas Escrituras, no es una bebida alcohólica sino un complemento alimenticio. Es de suponerse que con ese criterio lo tomaba el Señor y muchos pueblos de la tierra lo hacen en cantidades moderadas junto con los alimentos. Y, finalmente, el dinero. Pero, ¿para qué? Para disfrutarlo. No para esclavizarse a él, no para que nos salga una úlcera de duodeno, o caigamos en depresión por los bienes materiales, sino para gozar de ellos.

El dinero no es bueno ni malo, es bueno o malo el corazón del hombre si utiliza el dinero para bien o para mal. Los miserabilistas calumniaron a Pablo; él nunca dijo que el dinero es la raíz del mal, sino que "el amor al dinero", es decir, la codicia, es realmente el origen del mal. Las diversiones sanas no están prohibidas, sino, más bien, reglamentadas por Dios. Lo que Él prohíbe son los excesos: borracheras, glotonerías, derroches económicos y, por supuesto, la avaricia. Por eso existe también una virtud que se llama "dominio propio" que nos da equilibrio y balance en todo lo que hacemos.

Alegría de la juventud

Siendo la juventud una edad alegre por excelencia, la sociedad posmoderna vive el triste espectáculo de jóvenes tristes, sumidos en el alcohol, las drogas, el sexo promiscuo, cuando no las sectas ocultistas y los sistemas satanoides que se hallan en boga. Escuchemos al viejo predicador desde el púlpito de los siglos:

> Alégrate, joven, en tu juventud; deja que tu corazón disfrute de la adolescencia. Sigue los impulsos de tu corazón y responde al estímulo de tus ojos, pero toma en cuenta que Dios te juzgará por todo esto. Aleja de tu corazón el enojo, y echa fuera de tu ser la maldad, porque confiar en la juventud y en la flor de la vida es un absurdo.
>
> ECLESIASTÉS 11:9–10.

En verdad, la juventud es transitoria, efímera, como la primavera; llega y pasa rápidamente y, por eso, Salomón aconseja aprovecharla, alegrarse mientras se sea joven. Yo no se de dónde sacaron algunos predicadores la idea de envejecer a los jóvenes, de madurarlos biches, de volverlos raros y anormales. Jesús gozaba la compañía de los muchachos. Cuando entró al templo, con su perrero en la mano, a sacar a los bandidos que habían hecho un comercio de la religión de ese tiempo –como muchos lo hacen hoy también–, los jóvenes alababan estrepitosamente y los fariseos artríticos se escandalizaron y enfurecieron. El Señor, entonces, los reprendió y les dijo: "Aprendan de los jóvenes, ellos son los que saben alabar a Dios correctamente".

Sin embargo, la experiencia nos enseña cosas terribles: Elvis Presley era cantante del conjunto de alabanza de su iglesia desde niño, pero –ya joven– los legalismos lo mandaron al rock. Jessie James, el más grande bandido de la historia de los Estados Unidos, cuando ya iba a recibir su condena, confesó: "Me volví tan malo para protestar contra mi padre que era pastor de una iglesia evangélica y desde niño me sometió a exigencias intolerables para mí". Vincent Van Gogh, el gran genio holandés de la pintura, quería ser misionero, pero, cuando llegó a Indonesia queriendo ejercer funciones eclesiásticas, un ministro de la iglesia lo rechazó porque "la pintura es pecado". Como si faltara, Hugh Heffner el hombre que creó el imperio pornográfico más grande de la historia universal, Playboy, es hijo de un diácono de una iglesia evangélica, y dijo querer liberarse de las cadenas que su padre le impuso cuando era niño y joven.

El ser humano debe alegrarse en su juventud, dejar que su alma disfrute de la adolescencia y seguir los impulsos de su corazón, pero nunca olvidar que Dios le tomará cuenta de lo que hace. Y, sobre todo, recordar siempre que la juventud es pasajera. Uno de los poetas más grandes de la lengua castellana, Rubén Darío, nicaragüense por más señas, concluyó su famosa Canción de Otoño en Primavera con esa preciosa estrofa que muchos saben de memoria:

> Juventud, divino tesoro,
> ya te vas para no volver,
> cuando quiero llorar no lloro,
> y a veces lloro sin querer.

Al margen de todo lo anterior, nunca se olvide que la juventud es un estado de alma. A mi edad –más avanzada de lo que quisiera– yo me considero joven. Mi iglesia surgió de grupos de jóvenes en las universidades y ha conservado la frescura juvenil que nunca debe marchitarse. Dicho en buen sentido, todos los cristianos somos –o deberíamos ser– jóvenes.

Alegría del matrimonio

El inconsciente colectivo dice que el matrimonio es algo monótono, aburrido, según la idea perniciosa que Satanás ha transmitido a través de los siglos; pero Dios nuestro Señor piensa exactamente lo contrario.

> Anda, ¡come tu pan con alegría! ¡Bebe tu vino con buen ánimo, que Dios ya se ha agradado de tus obras! Que sean siempre blancos tus vestidos, y que no falte nunca el perfume en tus cabellos. Goza de la vida con la mujer amada cada día de la fugaz existencia que Dios te ha dado en este mundo.
>
> ECLESIASTÉS 9:7–9a

¡Mira qué cosa más linda! La pareja humana bendecida por Dios que la creó, comparte el pan y el vino, el vestuario y el arreglo personal y, por sobre todo, el amor. Pero ¿por qué razón? Ese ideal de vida no es para los que desagradan al Señor, pues bien se dice allí que es porque "ya Dios se ha agradado de tus obras". El dolor proviene del mal, Dios no creó el dolor, el dolor vino como resultado del pecado. Dios sólo creó la alegría, la felicidad. Sin embargo, nadie se imagine que estoy estimulando una ética hedonista en la iglesia. El facilismo de la vida, el deleite en las cosas superficiales, la frivolidad, distan mucho de ser el modelo de la vida cristiana, caracterizada por la austeridad.

A nadie estimulo a que se vuelva epicúreo, porque el epicureismo –doctrina que deriva su nombre del filósofo griego Epicuro– enseña que el hombre debe procurar el máximo de placer y el mínimo de dolor. No es esa la idea que comparto, sino implantar en nuestros corazones la alegría que viene del corazón de Dios.

Alegría en la conducta

No existe nada que más dañe la alegría en una iglesia que la crítica, pues surge directamente de las tinieblas donde reina Satanás, que es el acusador de los hermanos. El maldito espíritu de juicio arruina la alegría en las iglesias. Los críticos –o criticones– cuando ven a una persona alegre juzgan que no es espiritual. La idea convencional que se tiene de la persona espiritual, el estereotipo del santo, es que debe ser mal encarado, malgeniado, con modales de pocos amigos, y cosas así. Y a veces ocurre todo lo contrario. Los principales desacuerdos que llevan a la crítica son por lo que comes o por lo que no comes; o porque hay uno que se viste de una manera y otro de otra; o porque a alguno le gusta venir al culto del sábado y no al del domingo y se lo critica pues, con ello, "se está volviendo adventista del séptimo día", etc. A este respecto, Pablo da instrucciones muy precisas:

> Reciban al que es débil en la fe, pero no para entrar en discusiones. A algunos su fe les permite comer de todo, pero hay quienes son débiles en la fe, y sólo comen verduras. El que come de todo no debe menospreciar al que no come ciertas cosas, y el que no come de todo no debe condenar al que lo hace, pues Dios lo ha aceptado. ¿Quién eres tú para juzgar al siervo de otro? Que se mantenga en pie, o que caiga, es asunto de su propio señor. Y se mantendrá en pie, porque el Señor tiene poder para sostenerlo.
>
> Hay quien considera que un día tiene más importancia que otro, pero hay quien considera iguales todos los días. Cada uno debe estar firme en sus propias opiniones. El que le da importancia

especial a cierto día, lo hace para el Señor. El que come de todo, come para el Señor, y lo demuestra dándole gracias a Dios; y el que no come, para el Señor se abstiene, y también da gracias a Dios.

ROMANOS 14:1,6.

¿Cuál es el problema? A usted ¿qué le importa lo que come su hermano? Usted no tiene que ser juzgado por la conciencia de él, ni él por la suya. Todo lo que no está reglamentado –ordenado o prohibido– de manera expresa en las Sagradas Escrituras, es cuestión de conciencia; y en la conciencia personal nadie puede intervenir. Estamos olvidando nuestras raíces protestantes y ya ni nos damos cuenta que una de las grandes conquistas de Lutero, Calvino, Menno Simmons y compañía, fue precisamente rescatar la libertad de examen y la libertad de conciencia. Sigamos adelante en la lectura bíblica:

> vv. 13–14 Por tanto, dejemos de juzgarnos unos a otros. Más bien, propónganse no poner tropiezos ni obstáculos al hermano. Yo, de mi parte, estoy plenamente convencido en el Señor Jesús de que no hay nada impuro en sí mismo. Si algo es impuro, lo es solamente para quien así lo considera.

Nada es impuro en sí mismo, es la gran conclusión de Pablo. ¿En dónde quedan, entonces, advertencias como: "cuidado con la carne de cerdo, no coma tal cosa, no se tome esa copa de vino", etc. Si algo es impuro, lo es solamente para quien así lo considera. ¿y eso qué tiene que ver con la alegría? Mucho ciertamente. Si usted sigue adelante en su examen de este capítulo bíblico, encontrará algo revelador:

> v. 17 porque el reino de Dios no es cuestión de comidas o bebidas sino de justicia, paz y alegría en el Espíritu Santo.

La alegría, junto a la justicia y la paz, construyen el reino de Dios; y todos los motivos de discordia que Pablo viene analizando, lo único que hacen es arruinar y matar la alegría entre los hermanos. Habitar en el reino de Dios es vivir alegre, con la alegría de Dios el Padre que nos llegó a través de Dios el Hijo y que permanece en nosotros por Dios el Espíritu Santo. ¿Hay momentos difíciles en la vida? Sí. ¿Hay días tristes, complicados, luctuosos? Sí. Perdónenme que sea tan crudo en lo que voy a decir: Dios no nos exige que soltemos una carcajada en mitad de un funeral. El mundo es entristecedor, como la letra de un bolero típico de la posguerra lo dijo en forma precisa:

> Después que uno viva veinte desengaños,
> qué importa uno más;
> después que conozca la acción de la vida
> no debe llorar.
> Hay que darse cuenta que todo es mentira,
> que nada es verdad;
> hay que vivir el momento feliz,
> hay que gozar lo que puedas gozar,
> porque sacando la cuenta en total
> la vida es un sueño y todo se va.
> La realidad es nacer y morir,

a qué llenarse de tanta ansiedad,
todo no es más que un eterno sufrir
y el mundo está hecho sin felicidad.

Durante el siglo XX, la filosofía existencialista que surgió en el XIX, llevó a la gente a desesperarse, a dar un salto en el vacío. El hombre, para tratar de justificar su ruina espiritual, terminó negando a Dios y, en medio del tremendo barullo formado por Nietzsche, quien terminó en un manicomio, y por Sartre, que llevó al manicomio a muchos, surgieron voces cristianas bien audibles. Primero Kierkegaard, el gran pensador escandinavo, y, después, Paul Tillich, quien desarrolló toda su teología con base en el existencialismo.

¿Qué es lo que ellos demuestran a las claras? La congoja humana, ese vacío interior, los problemas sin solución, las preguntas sin respuesta, lo que hace que el hombre no le encuentre sentido a su vida, toda la angustia existencial, en suma, tiene un ancla en la cruz de Jesucristo. Allí termina todo, porque allí están todas las respuestas definitivas para la ansiedad del hombre. El dolor vino por el pecado, la alegría llega como fruto del Espíritu Santo.

4. El milagro de la paz

El Dios de paz sea con todos ustedes.
Amén.
ROMANOS 15:33

La Epístola a los romanos –dicen algunos analistas de los temas bíblicos– es el mejor libro del Nuevo Testamento. Literariamente, y, sobre todo, en materia de pensamiento –añaden– es el ensayo que da la visión más completa del cristianismo. Se trata, hay que reconocerlo, del texto maestro sobre la justificación por la fe. Leyendo esta epístola, Martín Lutero recibió del Espíritu Santo la inspiración que dio chispa inicial a la Reforma Protestante. Paul Jonson, el gran historiador británico, afirma que Romanos es una escritura circular, que puede comenzarse a leer en cualquier parte y terminar en cualquier otra, y siempre se dará vuelta alrededor de un mismo tema profundo que, en cada lectura, ofrece más revelación de Dios. Esta obra maestra –según otras opiniones– convirtió a Jerónimo, a Tertuliano, a Orígenes, a Basilio, a Clemente, a Lutero, a Calvino; y –dice Jonson– "tengo la sospecha de que convirtió también a San Pablo".

Pues bien, vamos al análisis del concreto texto ya leído. Dios es un Dios de paz, afirman las Sagradas Escrituras en forma insistente; a pesar de lo cual, es muy triste reconocer que el universo vive en guerra. Todos sabemos que hubo en el principio una revuelta cósmica, protagonizada por ángeles rebeldes acaudillados por el espíritu de desobediencia, el querubín protector que quiso ser como Dios; y que, después, ese talante de rebelión fue traído a nuestra tierra por los propios ángeles caídos.

Todas las guerras de nuestro planeta comenzaron cuando los primeros padres en el edén se rebelaron contra Dios, instigados por la llamada "serpiente" antigua, que es un símbolo de Satanás. Al desobedecer a la Suprema Autoridad, Adán y Eva le declararon la guerra a su Creador y obedecieron al comandante de las fuerzas infernales, que es el instigador de todas las contiendas, todos los conflictos y todas las riñas entre los hombres. Al perderse la paz del Edén, Dios mismo les declara la guerra a las huestes infernales, y así se origina lo que llamamos, precisamente, "guerra espiritual". Pero Dios promete solemnemente, allí mismo en el Edén, que Alguien que vendría en carne humana restablecería en este planeta la paz para siempre.

LA PAZ DIVINA

Bajo la protección de ese Alguien Eterno, intentaremos un análisis sobre la paz, el más preciado regalo de Dios para sus hijos, tratando de apropiarnos de él, aunque parezca inalcanzable, especialmente para latinoamericanos pesimistas.

La paz del Padre

El apóstol Pablo es muy insistente sobre una realidad de bulto, irrefutable, incluso obvia: "Dios es un Dios de paz"; y, a menudo, se detiene en consideraciones sobre los beneficios que reciben quienes disciernen esa verdad correctamente. Aquí un buen ejemplo:

> En fin, hermanos, alégrense, busquen su restauración, hagan caso de mi exhortación, sean de un mismo sentir, vivan en paz. Y el Dios de amor y de paz estará con ustedes.
>
> 2 CORINTIOS 13:11

Vale la pena observar los conceptos que acompañan a la paz de Dios, puntualizados aquí por el apóstol: "alegría, restauración, obediencia, unanimidad y amor"; todos ellos son bendiciones que nacen directamente de la paz divina. Podríamos afirmar en un estribillo simple: "Al que busca la paz, Dios le da lo demás".

La paz de Cristo

Isaías, que es el profeta mesiánico por excelencia, no puede eludir un tema tan íntimamente ligado a Aquel que inspira toda su maravillosa literatura espiritual:

Porque nos ha nacido un niño, se nos ha concedido un hijo; la soberanía reposará sobre sus
hombros, y se le darán estos nombres:
Consejero admirable, Dios fuerte, Padre eterno,
Príncipe de paz.

Isaías 9:6

A través de Isaías, ese "niño que nace", ese "hijo que se
nos concede" es llamado por el Espíritu Santo, setecientos
años antes de su nacimiento en la tierra, "Príncipe de Paz".
Esa es, entonces, su propia definición; y la palabra hebrea
que se utiliza para paz es *shalom*, que define la serenidad que
nace directamente, que tiene sus raíces en el corazón de
Dios. Por eso, algunos judíos mesiánicos lo llaman *Jeshua
Shalom*, es decir, Jesús nuestra paz.

La paz del Espíritu Santo

Hemos visto que el fruto del Espíritu es, primero, amor;
segundo, alegría; y –según la popular enumeración de
Gálatas 5:21– ahora entraremos al tercer elemento que san
Pablo discierne: la paz. Aquí encontramos otra palabra, ya
no hebrea sino griega, que es *eirene*. Trataré de interpretar
la idea que trae a mi entendimiento tal palabra: "un estado
de quietud, reposo, armonía, orden y seguridad aún en
medio de los tumultos, los problemas y las tentaciones".
Eso es lo que entiendo por *eirene*, la paz espiritual.

Precisamente los griegos en su mitología –y esto es simplemente una curiosidad– llamaban a su diosa de la paz
Irene, un nombre femenino ya muy difundido en occiden-
te. De regreso a nuestro tema, digamos que la misma paz de
Dios el Padre, que mora en el corazón del Hijo –el Príncipe
de paz–, fructifica por medio del Espíritu Santo, que es el

gran pacificador. La Trinidad siempre trabaja de acuerdo por una sola razón: Dios es Uno e Indivisible.

EL PRÍNCIPE DE PAZ

¿De qué manera cumple Jesucristo el encargo del Padre de ser "el príncipe de paz"? Es fácil observar en toda su trayectoria terrenal, desde su nacimiento, cruzando las etapas de su existencia, hasta llegar a la muerte y la resurrección, una característica esencial de su ministerio redentor: la paz. Intentemos un breve análisis sobre la materia:

Paz en su nacimiento

Hace alrededor de dos mil años, en una pequeña aldea del Medio Oriente, unos pastores se encuentran a la intemperie, cuidando sus ganados; y, de pronto, los rodea un resplandor de luz celeste y aparecen ante ellos unos seres que no son humanos sino –como dice ahora la "nueva era"– extraterrestres, a quienes los cristianos llamamos ángeles. (Ahora bien, los ángeles en realidad son extraterrestres, pues de la tierra no son). Pero evitemos tonterías y vamos directamente al texto bíblico:

> De repente apareció una multitud de ángeles del cielo, que alababan a Dios y decían: Gloria a Dios en las alturas, y en la tierra paz a los que gozan de su buena voluntad.
> LUCAS 2:13,14

Queda, pues, absolutamente claro que la paz llega a la tierra por el nacimiento conmovedor de esta criatura en una

sucia pesebrera de una miserable aldea, entre el vaho amoroso –instintivo quizás– de dos animales domésticos, la
mula y el buey. El niño nace porque es hombre, el Hijo es
dado o concedido porque preexiste, siendo Dios desde
siempre; y el recién nacido es aquel a quien Isaías llamó pro-
féticamente "Príncipe de paz". Por eso, los ángeles de su
propia corte celestial cantan un coro bien específico: "Paz
en la tierra". La paz ha llegado a este insignificante planeta,
porque la paz no es un concepto, ni una palabra, ni una
entelequia intelectual: la paz es una persona que se llama
Jesús de Nazaret; en él y por él, la paz misma se hace hombre y habita entre nosotros. Por eso, él es *Jeshua Shalom*.

Paz por su sacrificio

El propio Isaías, en una de sus impresionantes profecías
sobre el sacrificio de Cristo, vuelve a tocar el tema de la paz
en una forma que no admite interpretaciones, salvo la literal propiamente dicha:

> Sobre él recayó el castigo, precio de nuestra paz,
> y gracias a sus heridas fuimos sanados.
> ISAÍAS 53:5b

El castigo que Jesucristo recibió sobre su cuerpo, fue un
precio que él pagó para que nuestras vidas fueran pacíficas.
Cristo murió en la cruz para que nosotros tuviéramos paz.
Me gustaría subrayar algo: Isaías lo profetizó setecientos años
antes de Cristo, pero Pablo lo ratificó plenamente hace veinte siglos. ¿Qué es lo que sucede con el sacrificio de Cristo?

> Porque a Dios le agradó habitar en él con toda
> su plenitud y, por medio de él, reconciliar consi-

go todas las cosas, tanto las que están en la tierra como las que están en el cielo, haciendo la
paz mediante la sangre que derramó en la cruz.
COLOSENSES 1:19–20

Por medio del Cordero, Dios ha logrado reconciliar
consigo todas las cosas, tanto las terrenales como las celes-
tiales –y estas entre sí– firmando un pacto de paz, usando
para ello como tinta la sangre que su Hijo derramó en la
cruz. El universo ha estado en guerra con Dios desde la
rebelión satánica; nuestro planeta se alineó al ejército de las
tinieblas con motivo de la caída; y, en el Calvario, todo ese
conflicto cósmico se reconcilia porque Jesucristo derrama su
sangre en la cruz y, con ella, paga el precio de la paz total.
Es una cosa tremenda, ¿verdad? ¡Yo me estremezco cada vez
que analizo el tema!

La paz de su Palabra

El Señor ha finalizado la gran cena de despedida con su
grupo íntimo de colaboradores. Sus palabras de sobremesa
contienen un haz de preciosas verdades eternas. Este es uno
de sus comentarios centrales:

> Yo les he dicho estas cosas para que en mí hallen
> paz. En este mundo afrontarán aflicciones, pero
> ¡anímense! Yo he vencido al mundo.
> JUAN 16:33

Es significativo que, antes de su sacrificio por nosotros,
el Salvador mencione precisamente "estas cosas" que nos ha
dicho. ¿Cuáles cosas? ¿Qué son estas cosas? ¡Su Palabra! Lo
que Jesús dice es, siempre, su Palabra. Y ¿para qué la dice?

Para que hallemos la paz. Obsérvese que dice claramente "en mí". No se encuentra la paz en ninguna otra parte, es inútil buscarla fuera de Cristo, que es justamente el Príncipe de paz. Ahora bien, la paz que hay en Él, la hallamos en su Palabra, En esta misma charla de sobremesa, hace ya rato viene hablando de lo mismo.

> La paz les dejo; mi paz les doy. Yo no se la doy
> a ustedes como la da el mundo. No se angustien
> ni se acobarden.
>
> JUAN 14:27

La paz del mundo es, habitualmente, una simple suspensión de hostilidades. Hubo una época, después de la II Guerra Mundial, durante la cual vivíamos en lo que llamaron la "guerra fría", una cabal definición para la paz del mundo que no sabemos en qué momento se vuelve a descomponer, como acaba de ocurrir recientemente. Jesús no ofrece "guerras frías" sino la paz del Dios de paz, que viene del Padre a través del Hijo –Príncipe de paz– y por medio del Espíritu Santo, el divino pacificador. ¿Cómo la recibimos? Por su Palabra. Los que andan buscando la paz la pueden encontrar fácilmente en la Biblia, la Palabra de Dios que produce paz total.

La paz de su resurrección

El Señor ha resucitado, hace una semana la noticia circula *in crescendo* por ahí, y el racionalista Tomás, un tipo que fácilmente podría ser miembro de cualquier iglesia evangélica de hoy, está cuestionando la información, aunque esta parece confiable. Jesús, entonces, decide convencer a su amigo en forma personal y directa:

Una semana más tarde estaban los discípulos de nuevo en la casa, y Tomás estaba con ellos. Aunque las puertas estaban cerradas, Jesús entró y, poniéndose en medio de ellos, los saludó.

–¡La paz sea con ustedes!

JUAN 20:26

Lo primero que el Señor les dice a los discípulos después de su resurrección de entre los muertos es: *Shalom*, si habló en hebreo; o *Eirene*, si lo hizo en griego. Como haya sido, "Que tengan paz, que la paz esté en sus corazones". Cuando ha vencido la muerte, levantándose en gloria y majestad del sepulcro, aparece a sus amigos y ¿qué es lo primero que les dice? ¿Acaso –"Hola, muchachos, cuánto los he extrañado", o algo así? No, su saludo es la palabra "Paz".

LA PAZ DEL HOMBRE

El apóstol San Pablo está ya despidiéndose de aquellos a quienes dirige una carta en la ciudad de Tesalónica y expresa sus mejores deseos para ellos con palabras bien claras:

Que Dios mismo, el Dios de paz, los santifique por completo, y conserve todo su ser –espíritu, alma y cuerpo– irreprochable para la venida de nuestro Señor Jesucristo.

1 TESALONICENSES 5:23

No hay paz sin santidad, no hay santidad sin paz. Ahora bien, tanto la santidad como la paz deben abarcar las tres dimensiones del ser humano: una paz santa, una santidad pacífica en espíritu, alma y cuerpo. No es posible ser santos y pacíficos solo corporalmente, o solo psíquicamente, o solo espiritualmente; como no es posible ser santo sin paz y no es posible ser pacífico sin santidad. "Que el Dios de paz los santifique" significa que la paz produce santidad y que la santidad genera paz. No es posible que usted divorcie esos dos conceptos en las Sagradas Escrituras.

Veamos ahora cómo la paz gobierna las tres dimensiones del ser humano: espíritu, alma y cuerpo. Espero que, cuando yo diga santidad, algunos no empiecen a hacer aspavientos de piedad, no se desmayen, ni entornen los ojos, ni suspiren profundamente. La santurronería y la mojigatería son fariseísmo, cosas meramente religiosas que a nadie salvan ni regeneran. La santidad es simplemente:

- Limpieza de pensamiento

- Pureza de corazón

- Integridad de conducta.

La paz espiritual

Los que pretenden ganar la paz personal a base de ejercicio físico y control mental se quedan en la superficie del conflicto interior que anhelan superar. Como lo ha dicho Víktor Frankl, "el hombre es un espíritu rodeado de capas psicosomáticas". Por lo tanto, el alma y el cuerpo se pacifican cuando se pacifica el espíritu. La Biblia lo dice bien:

> En consecuencia, ya que hemos sido justificados
> mediante la fe, tenemos paz con Dios por medio
> de nuestro Señor Jesucristo.
> ROMANOS 5:1

¡Qué clave! La paz de nuestro espíritu brota de la fe en Jesucristo y de haber sido justificados por él. La paz nace de la justificación, como la justificación nace de la fe. Una doctrina capital de la Reforma Protestante es, precisamente, la justificación por la fe. (¡Dios bendiga la memoria de Martín Lutero!). Como consecuencia de esa justificación por la fe, tenemos paz. Y se habla aquí de la paz espiritual, la paz del espíritu humano renacido que ya no está en guerra contra Dios.

La paz anímica

En cuanto a la paz anímica, o paz del alma, me parece que el Salmo 4 la describe en forma perfecta.

> En paz me acuesto y me duermo, porque sólo
> tú, Señor, me haces vivir confiado.
> SALMO 4:8

La paz de la psiquis tiene que ver, por supuesto, con la mente, las emociones y la voluntad; y esa paz psíquica –mental, emocional y volitiva– me hace vivir confiado y dormir tranquilo. Paz del alma, paz de una psiquis armónica sin sobresaltos ni temores de ninguna naturaleza. La mente renovada renueva el corazón, el corazón renovado renueva la voluntad. Pensamiento pacíficos generan sentimientos pacíficos, sentimientos pacíficos producen acciones pacíficas.

La paz del cuerpo

En el libro del profeta Jeremías encuentro una de mis escrituras favoritas y que viene como anillo al dedo para avanzar en el tema que nos ocupa.

> Sin embargo, les daré salud y los curaré; los sana-
> ré y haré que disfruten de abundante paz y segu-
> ridad.

JEREMÍAS 33:6

En las Sagradas Escrituras nada hay caprichoso, todo tiene una lógica tremenda –la lógica de Dios, a veces ilógica para el hombre–; pero, en este caso, muy lógicamente, a nuestra parte somática, física, material –es decir, lo que llamamos cuerpo– nada hay que le dé tanta paz como la salud. Jeremías demuestra cómo están ligadas la curación y la paz. El versículo citado habla de paz abundante como resultado de la sanidad. Y, si usted cree que se trata de un simple enunciado del Antiguo Testamento, vea qué piensa Jesús sobre el nexo que el Espíritu Santo hace entre la paz y la curación.

Entre muchas escrituras neotestamentarias que se pueden consultar sobre el tema, hay la que relata el caso de aquella mujer que sigue al Nazareno presurosa y tiene un flujo incontenible de sangre desde hace muchos años. Ella piensa, "si toco solamente su manto, seré sana". Después de mucho forcejeo entre la multitud, logra su propósito y, una vez rozado el manto del Señor, su hemorragia se detiene.

De inmediato Jesús se da cuenta de que ha salido poder de su persona, así que se vuelve hacia la gente y pregunta quién ha tocado su ropa. Los discípulos le contestan: –Oye, entre semejante gentío, ¿cómo vamos a saber quién te ha tocado? Pero Él seguía buscando entre quienes se arremolinaban a su alrededor para descubrir quién lo había hecho. La mujer, conciente de lo que ha sucedido, se arroja a los pies del Maestro y confiesa que es ella la "culpable". Y, si usted se imagina que no están ligadas la paz y la sanidad, medite en la respuesta del Señor:

¡Hija, tu fe te ha sanado! –le dijo Jesús–. Vete en
paz y queda sana de tu aflicción.
MARCOS 5:34

Si se revisan los evangelios, podrá verse que Jesús siempre repite la fórmula "Ve en paz" después de sanar a una
persona. Es porque un cuerpo enfermo es en realidad un
cuerpo en guerra, un campo de batalla de bacterias, virus,
bacilos, gérmenes, microorganismos malignos. Cuando esos
ejércitos son derrotados por el Espíritu Santo, el cuerpo es
sanado y el hombre queda en paz. Paz somática, paz corpo-
ral, a la cual nosotros podemos contribuir si llevamos vidas
terapéuticas: comida y bebida sana, ejercicio físico, reposo
adecuado, etc.

LA PAZ DEL ALMA

Durante la Edad Media surgieron unos seres maravillosos:
los místicos. En su época, al ver la sociedad tan corrompida,
ellos creyeron que debían aislarse de la sociedad para no
corromperse con ella. Cometieron muchas exageraciones,
pero dejaron lecciones muy valiosas. El más importante de
los místicos es, a mi juicio personal, Francisco de Asís, quien
nos transmite en su poesía maravillosa y en su colección de
meditaciones, una serie de enseñanzas sobre la paz del alma.
La más significativa, por supuesto, es aquella que alguien
calificó como la oración más perfecta después del Padre
Nuestro: "Oración a Jesucristo", que comienza implorando:
do: "Señor, haz de mí un instrumento de tu paz".
    No tengo ningún inconveniente en reconocer a
Francisco como mi hermano en la fe. El hecho de que le

hayan levantado altares, le quemen incienso y le prendan veladoras no es culpa de él, que era un hombre de Dios en toda la extensión de la palabra; y, por cierto, uno de los más auténticos pre–reformadores, una de las primeras voces que se levantaron contra el ritualismo y los excesos de Roma. Y lo único que él quería era ser un vehículo social de la paz de Dios en una época de espantosas guerras, sangrientas confrontaciones y crueles discordias.

Que todos anhelemos, como "el poverello", ser canales de la paz de Dios que viene del Padre, a través del Hijo –"Príncipe de Paz"– y que se vuelve fruto del Espíritu en nosotros. Que donde haya odio llevemos amor; donde haya tinieblas, encendamos la luz; donde haya tristeza pongamos alegría; que no nos preocupemos tanto en ser amados como en amar, en ser perdonados como en perdonar. Necesitamos muchos Franciscos de Asís en el mundo de hoy. Si hubiese siquiera uno por ahí, en alguna parte, todo sería distinto.

La psiquis humana, según Agustín de Hipona, tiene también tres partes: mente, emociones y voluntad, en lo cual no se diferencia mayormente de Sigmund Freud. Lo mental, lo emocional y lo volitivo, eso es nuestra psiquis. En esas tres partes analizaremos la paz del alma.

La paz de la mente

Hay un versículo que saben de memoria muchas personas, pero lo repiten como cotorras, sin desentrañar su verdadero significado, que se liga íntimamente a nuestro tema.

> Y la paz de Dios, que sobrepasa todo entendimiento, cuidará sus corazones y sus pensamientos en Cristo Jesús.
>
> FILIPENSES 4:7

La expresión "la paz de Dios que sobrepasa todo entendimiento", habla de la mente; y, más adelante, se afirma que esa paz "cuidará nuestros pensamientos". Mejor dicho, la paz de Dios gobernando nuestra manera de pensar; como quien dice, poniendo los pensamientos de Dios en nosotros. Y, por supuesto, si la paz de Dios –del Dios de paz– cuida nuestros pensamientos, tendremos pensamientos de paz todo el tiempo, porque el que piensa paz piensa en Dios.

La paz del corazón

Allí mismo, en Filipenses 4:7, leemos que "la paz de Dios, que sobrepasa todo entendimiento, cuidará sus corazones". Por lo tanto, este versículo no solo habla de la paz rigiendo la mente, sino también de la paz gobernando el corazón. Porque el hombre primero piensa y después siente. Decir, por ejemplo, "tuve una corazonada" es una mentira del diablo, pues primero se piensa que se siente; en la mente está el computador con su red y toda la información necesariamente entra por allí. No hay sentimientos que vengan de algo que no haya pasado antes por el cerebro. Primero pensamos y después sentimos.

La paz de Dios, que es incomprensible a la capacidad humana, guardará nuestros corazones como guarda nuestros pensamientos, porque lo que pensamos sentimos. Es necesario, pues, aprender a alimentar correctamente el computador mental, porque la paz de la mente le da paz al corazón. Y no hay nada más gratificante que experimentar –si no todos los días, con alguna frecuencia en nuestra vida– una completa paz del corazón. No hay bendición más grande que tener un corazón controlado por el Espíritu Santo.

La paz de la voluntad

Primero pensamos, después sentimos, finalmente hacemos. Tal es el proceso psíquico del hombre: pensar, sentir, hacer. El hacer tiene que ver con la voluntad, que será el tópico siguiente en nuestro estudio sobre la paz. No importa cuál sea nuestro temperamento –flemático, melancólico, colérico, sanguíneo–, el Espíritu Santo forja nuestro carácter. No hay que confundir temperamento y carácter, no son exactamente lo mismo. Dios no quiere cambiar tu temperamento sino transformarlo, darle carácter. Ahora, vamos a la Biblia:

> Al de carácter firme lo guardarás en perfecta paz,
> porque en ti confía.
> ISAÍAS 26:3

El carácter firme nace de una voluntad bien formada. El Señor primero te hace pensar paz, después te hace sentir paz, luego te hace obrar paz. Lo que sentimos hacemos. Si hay paz en la mente, habrá paz en el corazón; y, si hay paz en el corazón, habrá paz en la voluntad. Esa paz se refleja en la conducta, en lo que hacemos. Si avanzamos allí mismo en el libro del profeta Isaías encontraremos la conclusión perfecta:

> v. 12 SEÑOR, tú estableces la paz en favor nuestro, porque tú eres quien realiza todas nuestras obras.

En consecuencia, Dios nos forma el carácter para que emprendamos en las obras que él quiere que hagamos, que son las suyas propias. Quien discierne tales obras y se dedica a ellas, exhibe una voluntad regida por el Espíritu Santo, muestra el fruto espiritual en su conducta. En lo que decimos y hacemos se refleja lo que hay en el corazón; en el corazón se refleja lo que hay en la mente. Hay un escritor mexicano, a quien cito con alguna frecuencia porque, aunque no fue cristiano –por lo menos nominal– a veces dijo cosas muy bien orientadas desde el punto de vista espiritual. Su apellido es simbólico, pues se trata de Octavio Paz. Hablando de la poesía hace una descripción que bien puede aplicarse al proceso que ocurre en la psiquis humana Él dice:

> Es un pensar
> que es un sentir
> que es un decir
> que es un hacer.

Es clara la ecuación de nuestra alma, según la creó Dios: Primero pensamiento, segundo sentimiento, tercero comportamiento. Con la paz ocurre exactamente eso: primero la piensas; después la sientes; por último, la dices y la haces.

LA PAZ COMUNITARIA

Hemos visto la paz de Dios el Padre, haciéndose hombre a través de Dios el Hijo, Príncipe de Paz, y llegando a nosotros por medio del Espíritu como fruto de vida eterna, afectando todo nuestro ser: espíritu, alma y cuerpo, y afectando particularmente nuestra psiquis: mente, emociones y voluntad, Pero, ¿ cómo afecta esa paz a la sociedad? Veamos:

Paz en la familia

Hay una historia que vale la pena recordar pues es ejemplarizante sobre lo que puede hacerse bajo la guía de Dios en materia de diferencias familiares que parecen irreconciliables. El Génesis relata que Jacob se ve obligado a huir de la casa de su padre, porque su familia está en guerra, en gran parte por causa de él mismo, que ha sido un usurpador de la primogenitura de su hermano. Un hogar escogido y bendecido por Dios –el de Isaac y Rebeca– ha perdido la paz; Esaú busca a su hermano para matarlo y, debido a esa guerra familiar, Jacob tiene que huir, como muchos latinoamericanos lo hacen hoy por motivos similares.

En su huída, llega a un lugar llamado Betel donde tiene su famoso sueño. Es un desposeído, sin patria y sin hogar, pero Dios –que es fiel a sus promesas– se le ha revelado en forma particular en Betel. Al despertar del sueño, en la mañana, durante su oración devocional, Jacob pide la compañía y la protección de Dios y que algún día pueda regresar en paz a su patria y su hogar; dicho sencillamente, que sea posible la reconciliación de su familia. Lo que a Jacob más lo acongoja, en medio de tantos problemas que lo rodean, es el desacuerdo familiar.

El hombre se va a la casa de su tío Labán en Mesopotamia, o sea, el actual Irak; es engañado por su pariente en varias formas, pagando así –por una ineludible causalidad divina– todo lo que había hecho en contra de su hermano; pero, varios años después, siendo ya muy rico, guiado por el Espíritu Santo, decide regresar a Canaán. Lo hace sano y salvo, tal como lo pidió al inicio de su exilio. Leamos lo que pasa entonces:

> Cuando Jacob alzó la vista y vio que Esaú se acercaba con cuatrocientos hombres, repartió a

los niños entre Lea, Raquel y las dos esclavas. Al frente de todos colocó a las criadas con sus hijos, luego a Lea con sus hijos, y por último a Raquel con José.

GÉNESIS 33:1–2

Esaú –que es el mismo Edom, padre de los edomitas–, era varón de guerra, hombre belicoso como pocos. Por lo tanto, cuando Jacob alzó la vista y vió que la "joyita" de su hermano se acercaba a su encuentro al frente de centenares de hombres armados, puso en juego su reconocida astucia enviando adelante a las mujeres y los niños, para ablandar la tensa situación. (En todo tiempo el machismo ha actuado de esa manera: el presuntuoso varón se escuda en su mujer siempre que ve venir algún peligro). Me imagino que Jacob razonaría: «Por malo que sea mi hermano, no se atreverá a disparar contra mujeres y niños indefensos, él no es un terrorista». Para completar su sagaz maniobra, Jacob hace algo que quiero resaltar: renuncia a sí mismo, muestra un corazón humilde:

v. 3 Jacob, por su parte, se adelantó a ellos, inclinándose hasta el suelo siete veces mientras se iba acercando a su hermano.

La escena es conmovedora: un hombre lleno de riquezas, amenazado de muerte, hace siete genuflexiones hasta el suelo frente a su potencial asesino, el mismo que, por años, lo ha buscado para alterarle la salud en forma definitiva. Pero, sin dudas, hay respuesta divina a su oración perseverante en el exilio.

v. 4 Pero Esaú corrió a su encuentro y, echándole los brazos al cuello, lo abrazó y lo besó. Entonces los dos se pusieron a llorar.

¡Paz en la familia! Nunca más entre estos dos hombres hubo discordia; y, además, Isaac que había sufrido largamente, junto con su vieja Rebeca, por las discordias de sus gemelos, pudo bajar a la tumba con la satisfacción de ver a su familia totalmente reconciliada:

Isaac tenía ciento ochenta años cuando se reunió con sus antepasados. Era ya muy anciano cuando murió, y lo sepultaron sus hijos Esaú y Jacob.
GÉNESIS 35:28– 29

Al parecer, se hicieron buenos amigos Esaú y Jacob –además de ser hermanos– porque Jacob había pedido a Dios como bien supremo regresar en paz a su hogar. Propiciar la armonía en la familia es nuestro primer deber. Hoy lo debes hacer, si es que tienes problemas y discordias familiares. Que el ejemplo de Jacob te guíe.

Paz en la iglesia

Doy gracias al Señor porque, en los últimos tiempos, se ha despertado en mi iglesia un buen espíritu de amor y fraternidad. Habrá pequeños e inevitables problemas por solucionar; pero, en términos generales, esta es una iglesia de amor. Eso es bueno, pues la Biblia declara, en labios de Jesucristo en persona:

Que no falte la sal entre ustedes, para que puedan vivir en paz unos con otros.
MARCOS 9:50b

Recordemos que, en el Sermón del Monte, el Señor ha llamado a los creyentes "sal de la tierra"; ahora Jesús aclara cuál es esa sal que sazona la vida cristiana: ¡la paz!, pues ahí dice: "que tengan sal para que tengan paz". Vivir en paz es llevar una vida condimentada con la sal de Dios. La sal de Dios es la paz.

Paz en las relaciones sociales.

En Romanos 12, el apóstol Pablo nos da una serie de enseñanzas muy importantes como normas de vida y conducta de los cristianos. La que nos concierne es bien directa:

> Si es posible, y en cuanto dependa de ustedes,
> vivan en paz con todos.
> ROMANOS 12:18

No sólo dentro de la familia, no exclusivamente en el seno de la iglesia, debe procurarse el don inapreciable de la paz. Nuestra obligación es esforzarnos porque haya paz "con todos". Observemos cómo dice: "en cuanto dependa de ustedes"; y no "en cuanto dependa de los demás". La iniciativa hemos de tomarla nosotros mismos para lograr la paz. En cuanto dependa de nosotros, buscar la paz con todos; no con los pacíficos, no con nuestros compañeros de armas en nuestras guerras particulares. La Biblia dice: "paz con todos".

La guerra y la paz

No me refiero, con este título, a la famosa novela del gran escritor ruso León Tolstoi, que devoré en un par de días cuando comenzaba mi adolescencia. Mis antiguas aficiones literarias han mermado en aras del constante estudio teológico al que mi nueva profesión me obliga. Iré, por lo tanto, a la porción bíblica comúnmente llamada "Las Bienaventuranzas". Allí encuentro esta perla de gran precio:

> Dichosos los que trabajan por la paz, porque serán llamados hijos de Dios.
> MATEO 5:9

La palabra "bienaventurado" es muy sonora, pero se presta a malos entendidos. Un joven latinoamericano de los de ahora, que tienen un lenguaje diferente al que utilizaban los castellanos de hace cuatro siglos, me comentaba en estos días: –Pastor, cuando yo oigo decir "bienaventurado", me imagino un aventurero a quien le salen bien sus aventuras. La palabra "dichoso" expresa más fácilmente el concepto griego *makarios*: completamente feliz. Dichosos los que trabajan por la paz –dice el Señor–, no los que trabajan por la guerra. Quiero ser muy directo ahora: en países latinoamericanos donde se busca el don preciado de la paz, los cristianos necesitan tener claridad. En medio del conflicto que se vive, la iglesia cristiana tiene la obligación de ser imparcial. Voy a aclarar por qué, y lo haré de una vez por todas.

LA PAZ POLÍTICA

Las congregaciones no están llamadas a ser organismos políticos, siendo –como son por naturaleza– organismos espirituales. En ese orden de ideas, para nosotros lo importante son las almas, no las armas; y las almas de todos son exactamente iguales para Dios. El alma del militar, el alma del paramilitar, el alma del guerrillero valen lo mismo para el

Señor, porque todos ellos, sin ninguna excepción, son hombres por los cuales murió Jesucristo en la cruz.

En las iglesias se sientan –o, al menos tienen el derecho de hacerlo– personas de todos los partidos, grupos y bandos políticos, cosa que debe alegrarnos sobre manera. Observa lo que ocurría hace dos mil años alrededor del propio Jesucristo. En la tierra santa gobernaba una potencia imperial, nada menos que Roma; y, entre los partidarios del Nazareno, o entre quienes lo seguían en general, usted podía encontrar pro–imperialistas, anti–imperialistas, e imperialistas por igual. Díganlo, si no, un centurión romano, un colaborador de Herodes y un zelote: es decir, alguien perteneciente a un grupo subversivo que se había levantado en contra del Imperio Romano. ¿Cuándo Jesús los discriminó? ¿Cuándo le dijo al amigo del imperio. "Tú no puedes estar conmigo"; o al guerrillero: "Tú no tienes cabida a mi lado?"

Aprendamos a mirar las cosas en la dimensión espiritual, no en la dimensión política; de lo contrario, no vamos a poder contribuir a que estos países salgan adelante. El caso chileno ilustra sobre lo que ocurre cuando se toma partido en las confrontaciones políticas. Al subir Salvador Allende al poder, muchos cristianos evangélicos se le opusieron porque era marxista y las mentes poco ilustradas identifican lisamente marxismo con ateísmo. Marx era ateo confeso, pero no se pueden desconocer, por esa razón, los avances que su sistema aportó a la justicia social en el mundo.

No soy marxista ni en lo mínimo, precisamente porque soy cristiano, pero creo que están equivocados los que piensan que el marxismo se acabó, cuando lo que ha pasado en realidad es que se transformó, que ahora lo están analizando de otra manera para aplicarlo en forma diferente a como lo hicieron –por ejemplo– en la desaparecida Unión Soviética, donde fracasó estruendosamente.

En Chile, pues, se opusieron a Allende los aludidos cristianos; y, a poco andar, cuando subió Pinochet, se opusieron a él también como por instinto, ya que la extrema derecha, en toda Latinoamérica en general, ha sido aliada del catolicismo romano. De esta manera, la iglesia chilena se fue hasta la izquierda y se fue hasta la derecha, y finalmente, no pudo hacer nada en ninguno de los dos extremos. Si se hubiera entendido que los seguidores de Pinochet y los de Allende, por igual, eran almas por las cuales murió el Señor, se habría contribuido desde el evangelio a la reconciliación del pueblo chileno.

En medio de los conflictos, los cristianos nos ofendemos lógicamente con los que echan bala, pero no nos ofendemos de igual manera con los que se roban los dineros públicos. Y, entonces, ¿qué partido podemos tomar allí? ¿A favor de quién o en contra de quién? Realmente nos hallamos dentro de un círculo vicioso de preguntas y respuestas: ¿Por qué hay paramilitares?– Porque hay guerrilleros. ¿Por qué hay guerrilleros? –Porque hay injusticia social. Y la pregunta clave: ¿Por qué hay injusticia social? –Porque hay corrupción.

Muchos guerrilleros han cambiado su propósito al desviarse hacia el narcotráfico y el terrorismo, pero el origen, la raíz del árbol de la violencia fue la injusticia social; y no es ningún remedio cortar las ramas, ni talar el tronco de ese árbol; la solución es arrancarlo de raíz, porque mientras haya corrupción habrá injusticia social, y mientras haya injusticia social habrá violencia. Nada se logra simplemente con firmar la paz entre el gobierno y los alzados en armas, aunque es de celebrar que se silencien los fusiles. Pero si sigue en pie el sistema, si los ricos son más opresores cada día, si hay mujeres que tienen que seguir alquilando sus cuerpos para dar de comer a sus hijos, habrá otra vez violencia, porque –según las Sagradas Escrituras– el origen de la violencia es la injusticia social:

> El producto de la justicia será la paz; tranquilidad y seguridad perpetuas serán su fruto.
> ISAÍAS 32:17.

Si la Biblia misma declara que el producto de la justicia será la paz, no estamos inventando nada cuando afirmamos que donde hay justicia, hay paz; eso lo dice la Palabra del Príncipe de la paz, no la palabra de un simple y falible predicador.

LA PAZ SOCIAL

Mi iglesia desde su fundación decidió enfrentar el tema de la justicia social; por eso, con todas sus anexidades, genera trescientos empleos directos y casi ochocientos indirectos debido a la forma en que está organizada para bendecir al mayor número posible de personas. Gracias a Dios, desde un principio, se montó la oficina de Misericordia, Amor y Servicio para ayudar a los necesitados de la congregación con mercados, becas, vestuario, vivienda, etc.

Nos hemos impuesto la difícil obligación de interpretar a Jesucristo, quien es muy terminante cuando dice que al que tiene hambre hay que darle de comer, al que tiene sed hay que darle de beber, al desnudo hay que cubrirlo. Y, por eso, se sostienen hogares de niños desamparados en cada lugar donde esta iglesia funciona. Es mejor hacer obra social que hacer política. Mejor dicho, hacer obra social es hacer política en la forma correcta. Los cristianos, personalmente, deben hacer lo que puedan, como puedan, donde puedan y a quien puedan.

El cristianismo no es amarillo ni azul, ni verde, colorado o negro; tampoco es de izquierda ni de derecha; es únicamente cristianismo. Por eso, la única guerra que el Señor nos ha autorizado a librar es la guerra espiritual. No estamos de acuerdo con la injusticia social y no estamos de acuerdo con la violencia, pues queremos mirar las cosas mucho más a la luz del Sagrado libro que a la luz de las simples circunstancias de la vida diaria. Y, aunque parezca una incongruencia o una contradicción, la guerra espiritual se libra pacíficamente, de rodillas en oración y con armas espirituales.

Hemos dicho que un buen cristiano será un buen ciudadano. Soñamos con países regidos por nuevos modelos económicos que garanticen trabajo justamente remunerado, igualdad de oportunidades en el crédito, en la educación, en todas las áreas; y, desde luego, más circulación social, más democracia representativa, más ascensos de los de abajo hacia arriba; honestidad, ética ciudadana, fraternidad y paz. Por todos esos ideales debemos librar la guerra espiritual.

El voto pertenece al círculo íntimo de la libertad de conciencia, pero el creyente debe darlo a quien mejor interprete –desde la izquierda o desde la derecha– un programa de gobierno ceñido a las exigencias de la Palabra de Dios, que busca para todo el género humano el tesoro de la paz. La bendición de Aarón contiene, entre sus elementos estructurales, el de la paz, bellamente expresado:

> "El Señor te bendiga y te guarde; el Señor te mire con agrado y te extienda su amor; el Señor te muestre su favor y te conceda la paz."
> Números 6:24–26

5. El poder de la PACIENCIA

No sean perezosos; más bien, imiten a quienes
por su fe y paciencia heredan las promesas.
HEBREOS 6:12

Algunas personas, principalmente dentro del catolicismo romano, suponen que la epístola a los Hebreos es de San Pablo, pero las investigaciones dicen que hay algunas razones de peso para no creerlo así. En primer lugar, el apóstol siempre se identificó personalmente, de alguna manera, en todas sus epístolas. Esta no tiene ese detalle. En segundo lugar, un análisis literario de esta carta en el idioma griego, demuestra que está escrita en un estilo que no es el característico de San Pablo.

Algunos suponen que un discípulo del apóstol, quizás su compañero Bernabé, o aún Timoteo, o quizás Silvano, o el mismo Tito, alguno de ellos, u otro desconocido, escribió la epístola. Realmente eso carece de importancia, es simple curiosidad intelectual, pues sabemos quién dictó el texto, aunque no sepamos quién lo tecleó en el computador. El autor es el Espíritu Santo. Ese es el único dato importante.

Entremos, más bien, en materia y prestemos atención a la primera parte del versículo: "no sean perezosos"; pues el tema de la paciencia se presta para el vicio de la pereza; y, de hecho, algunos confunden el concepto de "paciente" con el de "perezoso". Hebreos habla sobre un cristianismo de fe práctica, y contesta dos preguntas importantes: ¿Qué es lo que yo creo? y ¿cómo puedo practicar lo que yo creo?

El versículo citado da unas excelentes respuestas: "No sean perezosos" significa, por la positiva, "sean diligentes, estén activos". Ahora bien, esta carta afirma que la fe es la característica número uno del cristiano, que no puede haber cristianismo sin fe; y, además, nos habla de la paciencia como requisito para heredar las promesas de Dios. En otras palabras, las bendiciones prometidas por el Padre solo se heredan por medio de la paciencia.

Como a veces se presentan confusiones de concepto, sobre todo cuando utilizamos el lenguaje de hace quinientos años, conviene precisar el significado de tres palabras que se parecen entre sí, que se hallan conectadas pero tienen diferencias de definición: paciencia, constancia y perseverancia. Por la época de la famosa Biblia del Oso solía suceder que una sola palabra estuviera disponible para una multitud de conceptos. Paciencia, por ejemplo, se usó algunas veces para transmitir ideas ligeramente diferentes del texto original, sin que fueran abiertamente en contra de la sana doctrina. Vamos a las precisiones:

La constancia

¿Qué significa esta palabra? Voy hacia una meta definida que espero conquistar y todo lo hago en esa dirección, sin desviarme del propósito ni detenerme. Sobre la constancia hay un buen ejemplo en un viejísimo cuento japonés: Un hombre tenía su vivienda en el campo pero una colina situada hacia el lado del movimiento solar impedía que la luz del astro rey penetrara a su casa. Él se propuso, junto con sus hijos, retirar aquella colina; y, para cumplir su cometido, se levantaban todos los días de madrugada y rebanaban una pequeña porción de tierra. Un vecino curioso –como hay tantos– le preguntó un día: –¿Qué es lo que estás haciendo?, y él respondió: voy a retirar esta colina para que la luz del sol entre a mi casa.

El vecino lo hizo caer en la cuenta de que no vería cumplido ese deseo en el curso de su vida, pues la colina era muy grande para quitarla por medios tan rudimentarios. El japonés respondió: –Bueno, tendré constancia; yo haré mi trabajo con mis hijos; después, mis hijos con sus hijos, y los hijos de sus hijos con sus hijos, de generación en generación; y algún día alguien que viva en esta casa recibirá la luz del sol. El apóstol San Pablo habla de este asunto a los romanos:

> Pero si esperamos lo que todavía no tenemos, en
> la espera mostramos nuestra constancia.
> ROMANOS 8:25

¡Esperar lo que todavía no se tiene! Eso es constancia: marchar sin prisa, laborar sin ansia, trabajar sin afanes, pero con firmeza total. Como decían los viejos en una imagen caligráfica: "Despacio y con buena letra".

La perseverancia

Este vocablo significa propiamente persistencia a toda prueba en el cumplimiento del deber o en la satisfacción de los deseos. No me desaliento, no desmayo, no me amilano ni me arrugo. Soy una persona perseverante. El mismo escritor bíblico –es decir, San Pablo– trata muy bien este asunto:

> Dedíquense a la oración: perseveren en ella con
> agradecimiento.
> COLOSENSES 4:2

Recibimos aquí la gran lección de que la perseverancia es indispensable para la oración, es decir, lo contrario de lo que se enseña en el movimiento autodenominado "superfé", cuyo lema es "Proclámalo y recíbelo". La oración ha de hacerse siempre con perseverancia. Hay una historia, también oriental, que puede ilustrar el tema: ¿Se imaginan cuántas generaciones participaron en la construcción de la muralla china? Pues bien, sus diseñadores pensaron simplemente: –Algún día mi país tendrá seguridad con esta muralla. Los chinos insistieron en la construcción sin detenerse. ¿Quieren saber un secreto a voces? Perseverar es no desmayar.

La paciencia

Esta ya es, propiamente, la capacidad de aguante; sobre todo, en medio de las dificultades, las pruebas y los problemas. Si soy paciente no me exaspero, conservo la serenidad en todo caso. Paciencia es, también, tolerancia con las debilidades del prójimo. Al menos eso expresa mi Biblia:

> Alégrense en la esperanza, muestren paciencia
> en el sufrimiento, perseveren en la oración.
> ROMANOS 12:12

Otra vez vemos aquí la perseverancia ligada a la oración; y, además, el texto nos muestra que una cosa es perseverancia y otra cosa es paciencia. Ahora bien, ¿paciencia en qué? ¡Qué animados estarán ahora!. Paciencia en el sufrimiento, porque tiene que ser, y es, clara la Palabra de Dios. Ser paciente es ser resistente.

Los tres conceptos brevemente analizados son clásicamente bíblicos y generalmente trabajan juntos; de ellos se desprende que el cristiano debe ser constante, perseverante y paciente. Constante para ir a la meta definida, perseverante para no abandonar el propósito, y paciente para superar los obstáculos que se presenten en el camino. El Espíritu Santo nos dota, por igual, de constancia, perseverancia y paciencia.

LOS TEMPERAMENTOS Y LA PACIENCIA

Como ya se ha dicho, no es lo mismo temperamento que carácter. El temperamento es la manera de ser que viene incorporada en los cromosomas porque se trata de algo hereditario. ¿No han oído decir: "Ese chico tiene el mismo genio del abuelo?" (Genio, en versión sudamericana, significa temperamento). El carácter, por su parte, es el temperamento bien formado o mal formado; por eso se habla de buen carácter o mal carácter. Hecha esta precisión, vamos a analizar los temperamentos y la paciencia, pues muchos se imaginan que la paciencia es propia de algunos temperamentos en particular y que hay temperamentos impacientes por naturaleza.

Uno de los temas en los cuales la psicología y la teología están de acuerdo es en que existen cuatro temperamentos en el ser humano, a saber: Sanguíneo, colérico, flemático y melancólico. Conviven, en cierto grado, mezclas de unos con otros, pero hay un temperamento predominante en cada persona. Yo, en lo particular, –para información de quienes no se han dado cuenta de ello– soy "colérico-melancólico", una mezcla terrible, pues significa que, cuando uno no está furioso, está triste. Si ya se rieron, los invito a mirar los temperamentos con base en cuatro grandes apóstoles de Jesucristo.

El sanguíneo Pedro

Para nadie es un secreto que los sanguíneos son puro corazón, sensiblemente emotivos y cordiales; pero, también, repentistas, como los alcalinos efervescentes que suben y bajan con igual rapidez. A mi manera de ver las cosas –sin dármelas de psicoanalista–, el apóstol San Pedro es exactamente el hombre sanguíneo, como lo comprueba el evangelio:

> Pero después de que yo resucite, iré delante de ustedes a Galilea. Aunque todos te abandonen –declaró Pedro–, yo jamás lo haré. Te aseguro –le contestó Jesús– que esta misma noche, antes de que cante el gallo, me negarás tres veces. Aunque tenga que morir contigo –insistió Pedro–, jamás te negaré.
> Mateo 26:33–35

Un episodio típico que nos muestra el temperamento del apóstol. Ahora, si usted quiere ver el resultado real de tal promesa, avance en el mismo capítulo hasta los versículos 69 y siguientes.

v. 69,74 Mientras tanto, Pedro estaba sentado afuera, en el patio, y una criada se le acercó. –Tú también estabas con Jesús de Galilea —le dijo. Pero él lo negó delante de todos, diciendo: –No sé de qué estás hablando. Luego salió a la puerta, donde otra criada lo vio y dijo a los que estaban allí: –Éste estaba con Jesús de Nazaret. Él lo volvió a negar, jurándoles: –¡A ese hombre ni lo conozco! Poco después se acercaron a Pedro los que estaban allí y le dijeron: –Seguro que eres uno de ellos; se te nota por tu acento. Y comenzó a echarse maldiciones, y les juró: –¡A ese hombre ni lo conozco!

"Yo no soy de los que han estado con ese tipo, no sé quién es, no lo conozco, no lo había visto en toda mi vida". Y comenzó a maldecir y jurar. Este típico sanguíneo que es Pedro –presten mucha atención–, después que fue controlado por el Espíritu Santo en su gloriosa manifestación de Pentecostés, fue constante en la predicación, perseverante en la oración y paciente hasta sufrir persecuciones, torturas, cárcel y la muerte misma, por amor al Señor. ¿Por qué piensan algunos que los sanguíneos no pueden ser pacientes?

Santiago el flemático

Si usted desea saber cómo se expresa un tipo flemático, solo tiene que leer la epístola escrita por un hermano medio de Jesús llamado Santiago.

Mis queridos hermanos, tengan presente esto: Todos deben estar listos para escuchar, y ser lentos para hablar y para enojarse.
SANTIAGO 1:19

Me imagino a Pablo escuchando esta recomendación, dándole una palmadita a Santiago en el hombro, y diciéndole: –Oye, viejo, no exageres. Los flemáticos miran los problemas tranquilamente y parecen no reaccionar ante ellos; y la gente se come el cuento de que tales señores son pacientes. La verdad es que tienden a ser profundamente reflexivos, pero no siempre son pacientes. No hay que confundir nunca reflexivo con paciente, porque las dos palabras no significan lo mismo. A Santiago, por ejemplo, siendo tan lento para reaccionar –como él mismo lo aconseja– lo sacaba de casillas la injusticia social, según es fácil advertirlo en esta misma epístola cuando el autor suelta una santa andanada en contra de los ricos opresores.

> Ahora escuchen, ustedes los ricos: ¡lloren a gritos por las calamidades que se les vienen encima! Se ha podrido su riqueza, y sus ropas están comidas por la polilla. Se han oxidado su oro y su plata. Ese óxido dará testimonio contra ustedes y consumirá como fuego sus cuerpos. Han amontonado riquezas, ¡y eso que estamos en los últimos tiempos! Oigan cómo clama contra ustedes el salario no pagado a los obreros que les trabajaron sus campos. El clamor de esos trabajadores ha llegado a oídos del Señor Todopoderoso. Ustedes han llevado en este mundo una vida de lujo y de placer desenfrenado. Lo que han hecho es engordar para el día de la matanza.
>
> SANTIAGO 5:1–5

Flemático, si; paciente, desde luego, pero no indolente. Hay, sin dudas, flemáticos indolentes e impacientes, pero no debe confundirse paciencia con indolencia. Y debo decir que, por muy flemático que un cristiano sea, nadie, en los propósitos de Dios, puede permanecer tolerante frente a la injusticia social.

Juan el melancólico

El discípulo amado es clásico profeta; y, generalmente, los profetas son melancólicos: Si no lo cree así, sírvase releer el libro de las Lamentaciones de Jeremías; pero asegúrese de tener una caja de pañuelos desechables a la mano. Los profetas, en virtud de su oficio, suelen ser escépticos, tienen cierta tendencia a la meditación y a la nostalgia, son dados a la angustia existencial, con frecuencia caen en la «depre", como dicen los muchachos de hoy. Pero –pese a muchas opiniones– los melancólicos no son pacientes sino todo lo contrario; por ejemplo, lloran por todo, que es una forma impaciente de reaccionar.

Ahora bien, los escritores bíblicos, como es apenas natural, colocan algo de sí mismos –de su temperamento, su cultura, sus gustos, o sus inclinaciones–, en lo que escriben; y, según pienso, eso está bien porque nos da lecciones valiosas de su propia experiencia. Por ejemplo, Lucas es el evangelista que más detalladamente relata las sanidades de Jesús, ¿por qué? Porque era médico. Si usted quiere hacerle un psicoanálisis a Juan, léase su evangelio: este autor sagrado vive fijándose en quién llora, por qué llora, a qué horas llora y cuánto llora. Veamos un solo caso:

> Los judíos que habían estado con María en la casa, dándole el pésame, al ver que se había levantado y había salido de prisa, la siguieron, pensando que iba al sepulcro a llorar.
> JUAN 11:31

Claro, aquí había motivos de sobra para llorar, pues había muerto Lázaro. Sin embargo, el caso es que Marta no iba al sepulcro a llorar –como Juan lo destaca– sino a encontrarse con Jesús. El versículo 35 es el más corto de toda la Biblia y nos muestra un detalle conmovedor: "Jesús lloró". Avance al capítulo 20 del mismo evangelio por un solo momento:

> Pero María se quedó afuera, llorando junto al sepulcro. Mientras lloraba, se inclinó para mirar dentro del sepulcro.
> JUAN 20:11

Oye, Juan, ¡no seas redundante!, ya nos dijiste que María está llorando, ¿para qué lo repites?

> v. 13a ¿Por qué lloras, mujer? —le preguntaron los ángeles.

El melancólico y minucioso Juan nos informa que, después, se aparece Jesús resucitado ante la llorosa María y, entonces, vuelve y juega su insistencia en el aspecto de las lágrimas:

> v. 15 Jesús le dijo: –¿Por qué lloras, mujer?

No hago burla de las lágrimas, mucho menos con un motivo tan enorme como la muerte de Jesús; solo quiero subrayar la tendencia temperamental de Juan a destacar el llanto. Si usted repasa el mismo relato en los evangelios sinópticos –Mateo, Marcos y Lucas– ninguno de ellos menciona lágrimas en este episodio. Cada persona tiene un cristal de color particular para ver las cosas, de acuerdo a su propio temperamento.

Por otra parte, muchos piensan que los melancólicos son pacientes "per se" y no es así. En este evangelio en particular hay buenos ejemplos del temperamento, digamos así, lacrimógeno, de Juan; pero ¿era paciente este apóstol por ser melancólico? Eso es lo que vamos a averiguar ahora.

> Pero allí la gente no quiso recibirlo porque se dirigía a Jerusalén. Cuando los discípulos Jacobo y Juan vieron esto, le preguntaron: –Señor, ¿quieres que hagamos caer fuego del cielo para que los destruya?
>
> LUCAS 9:53,54

Jesús está en Samaria y lo rechazan porque, si se dirigía a Jerusalén, a la fija era judío; y, como es bien sabido, judíos y samaritanos no se pueden ver "ni en pintura", como se dice popularmente. ¿Qué pasa entonces? Cuando dos discípulos que eran hermanos de sangre, Jacobo y Juan –el melancólico– se dan cuenta de la situación, piden autorización divina para ordenar que baje fuego consumidor contra aquella ciudad. Juan, el melancólico, le está pidiendo al Señor su venia para que vengan rayos y centellas del cielo y que sus llamas conviertan en cenizas a todos esos desvergonzados samaritanos que no quieren oír el evangelio. Por cierto, la tendencia general en el cristianismo es a pensar: «Tan lindo Juan, tan suave Juan, tan tierno Juan, tan melancólico Juanchito»; pero este personaje era impaciente en algunas circunstancias de la vida. Otro ejemplo de ello se puede observar en la forma como el propio Juan trataba a los orgullosos de la iglesia:

Le escribí algunas líneas a la iglesia, pero Diótrefes, a quien le encanta ser el primero entre ellos, no nos recibe. Por eso, si voy no dejaré de reprocharle su comportamiento, ya que, con palabras malintencionadas, habla contra nosotros sólo por hablar. Como si fuera poco, ni siquiera recibe a los hermanos, y a quienes quieren hacerlo, no los deja y los expulsa de la iglesia
3 JUAN 9–10

A ese individuo llamado Diótrefes, que se congrega allá en esa iglesia, le notifico: Pronto iré a enfrentarlo personalmente, a ver qué es lo que anda diciendo a mis espaldas. ¡Oh, qué paciente el melancólico Juan! Sin embargo, nos da una lección valiosa: no podemos ser tolerantes con esa clase de personas metidas en las iglesias solo para perturbar. No se quién inventó la idea de que, si alguien menosprecia a los hermanos, o es un orgulloso, o expulsa a quien le da la gana y recibe a quien le parece, los pastores tienen que tratarlo con muchas consideraciones. Aquí Juan dice lo contrario: No que irrespetemos a tales personas, pues eso no sería cristiano; pero sí que las enfrentemos con franqueza y energía.

El colérico Pablo

Hay quienes piensan que era en verdad terrible el gran Pablo. Se conservan varios libros históricos de su época, entre ellos el llamado Las Actas de Pablo; y el historiador británico Paul Jonson afirma que, con base en tales manuscritos, se puede delinear bastante bien el comportamiento de este genio religioso de la humanidad. Por ejemplo, cuando habló en el Concilio de Jerusalén, donde debía definirse si seguía, o no, vigente la ley de Moisés, Pablo se arremangó y golpeó con los puños la tribuna desde la que hablaba. Si usted quiere saber cómo reaccionaba Pablo, puede leer su Epístola a los Gálatas que contiene observaciones interesantes.

> ¿Qué busco con esto: ganarme la aprobación humana o la de Dios? ¿Piensan que procuro agradar a los demás? Si yo buscara agradar a otros, no sería siervo de Cristo.
> GÁLATAS 1:10

Él no quiere agradar a los demás, sino a Cristo. Los profetas no son simpáticos, pues su función es transmitir, sin maquillajes, lo que el Señor le quiere decir a la gente. Por eso, precisamente, a Pablo no le tiemblan los pantalones para encarar aún a personas de tanta importancia en la iglesia naciente como Simón Pedro:

> Pues bien, cuando Pedro fue a Antioquía, le eché en cara su comportamiento condenable. Antes que llegaran algunos de parte de Jacobo, Pedro solía comer con los gentiles. Pero cuando aquéllos llegaron, comenzó a retraerse y a separarse de los gentiles por temor a los partidarios de la circuncisión. Entonces los demás judíos se unieron a Pedro en su hipocresía, y hasta el mismo Bernabé se dejó arrastrar por esa conducta hipócrita.
> Cuando vi que no actuaban rectamente, como corresponde a la integridad del evangelio, le dije a Pedro delante de todos: «Si tú, que eres judío, vives como si no lo fueras, ¿por qué obligas a los gentiles a practicar el judaísmo?
> Gálatas 2:11–14

El roce personal no es con cualquier aparecido de la noche a la mañana, sino con alguien que compartió íntimamente con Jesús de Nazaret. Pero es que, en la misma carta, hay requisitorias muy fuertes y radicales dirigidas al grupo completo de Galacia:

> ¡Gálatas torpes! ¿Quién los ha hechizado a ustedes, ante quienes Jesucristo crucificado ha sido presentado tan claramente?
> GÁLATAS 3:1

¡Qué gentileza para mandar una esquela! Pero, cuando uno mira la expresión que utiliza Pablo en el griego, sería mejor traducir "imbéciles"; y, si seguimos mirando otros detalles en este mismo correo, tal vez el apóstol queda retratado de cuerpo entero con su redonda admonición:

> ¡Ojalá que esos instigadores acabaran por mutilarse del todo!
> GÁLATAS 5:12:

La historia es sencilla: han llegado unos hombres a decirles a los hermanos en Galacia que deben circuncidarse y guardar la ley de Moisés; y, entonces, Pablo les escribe a sus antiguos discípulos y les dice que ojalá esos instigadores acabaran por mutilarse del todo. Fueron muy decentes los traductores –me parece– al hablar de mutilación, porque lo que expresa el texto original es que ojalá se castraran los que están diciendo que los cristianos se tienen que circuncidar.

Muchos dirán: "era impaciente Pablo"; no, señor, Pablo se amarraba bien los pantalones, y tenía la testosterona en orden. Pero era, en realidad, un hombre paciente; no hubo entre los apóstoles uno que sufriera más persecuciones que él, y ya dijimos que la paciencia es tolerar los problemas con buen ánimo. Entiéndase bien: paciencia no es vivir con la sonrisa de oreja a oreja contemporizando con todo el mundo. Una confirmación de lo afirmado, puede leerse en pluma del propio apóstol tantas veces mencionado:

> Por nuestra parte, a nadie damos motivo alguno de tropiezo, para que no se desacredite nuestro servicio. Más bien, en todo y con mucha paciencia nos acreditamos como servidores de Dios: en sufrimientos, privaciones y angustias; en azotes, cárceles y tumultos; en trabajos pesados, desvelos y hambre. Servimos con pureza, conocimiento, constancia y bondad; en el Espíritu Santo y en amor sincero; con palabras de verdad y con el poder de Dios; con armas de justicia, tanto ofensivas como defensivas; por honra y por deshonra, por mala y por buena fama; veraces, pero tenidos por engañadores; conocidos, pero tenidos por desconocidos; como moribundos, pero aún con vida; golpeados, pero no muertos; aparentemente tristes, pero siempre alegres; pobres en apariencia, pero enriqueciendo a muchos; como si no tuviéramos nada, pero poseyéndolo todo.
>
> 2 Corintios 6:3–10

Y si este no es un hombre paciente, entonces ¿en que consiste la paciencia? Ya tenemos, pues, claro que en todos los temperamentos se puede ser constante, perseverante y paciente. Solo que nuestra carga de ADN, imposible de cambiar, debe ser sometida al poder del Espíritu Santo para que éste la controle. Todos los temperamentos por igual –flemático, sanguíneo, melancólico y colérico– son útiles para el trabajo de Dios –y para las tareas humanas en general– si se someten al dominio propio a través de un carácter moldeado por el Señor.

LA TRINIDAD PACIENTE

Trataremos de examinar ahora cómo las tres personas de la Santísima Trinidad derrochan paciencia divina con nosotros. Será un ejercicio sano de enorme bendición para nuestras vidas.

La paciencia del Padre

El libro de Nehemías recoge el canto que los levitas entonan durante un ayuno de arrepentimiento, después que el pueblo ha regresado del cautiverio en Babilonia y Persia; en este salmo los israelitas confiesan ante el Señor sus pecados y, precisamente, reconocen la paciencia que Dios ha tenido con ellos por largos años:

> Por años les tuviste paciencia; con tu Espíritu los amonestaste por medio de tus profetas, pero ellos no quisieron escuchar. Por eso los dejaste caer en manos de los pueblos de esa tierra.
> NEHEMÍAS 9:30

Conclusión directa: Usted puede caer en manos de sus enemigos cuando agota la paciencia de Dios. Subrayemos las expresiones: "con cuánta paciencia", "durante tantos años"; y destaquemos que los israelitas están haciendo un reconocimiento sincero de que son culpables. Los impacientes hacen lo contrario: culpan a Dios. Suele suceder que nos habituemos a hacer cosas y cositas que nos parecen leves y no pasa nada, como si Dios no se estuviera dando cuenta; pero, de pronto, la más pequeña acción no es sino la gota que rebosa la copa de la ira del Señor; y, entonces, como dice el refranero popular, "el golpe avisa". Nunca, por ningún motivo, debe ponerse a prueba la paciencia de Dios, eso es algo realmente peligroso.

La paciencia de Cristo

Jesucristo es el mayor ejemplo de paciencia que se conoce sobre la tierra a través de toda la historia humana. El apóstol Pedro –a quien le consta en forma personal esta verdad– la certifica en su propia pluma:

> El Señor no tarda en cumplir su promesa, según entienden algunos la tardanza. Más bien, él tiene paciencia con ustedes, porque no quiere que nadie perezca sino que todos se arrepientan.
> 2 PEDRO 3:9

Nadie más paciente que el Señor, y no sólo con nosotros, los creyentes. Pensemos por un momento en el juicio que le hicieron en Jerusalén: Lo llevan ante el Sumo Sacerdote; lo calumnian, lo infaman, y no responde nada. Lo llevan al rey Herodes, autoridad de su provincia; este le hace muchas preguntas, lo cuestiona, lo presiona, y Jesús no responde una sola palabra. Lo llevan a la autoridad del máximo imperio de la época, los "Estados Unidos" de Roma, que es Poncio Pilato, y él no responde a ninguna acusación.

Le colocan una corona de espinas sobre la cabeza, que empieza a sangrar, y no abre la boca. Le vendan los ojos, le arrancan la barba, le escupen la cara, lo abofetean, y le preguntan: ¿quién es el que te pegó?, y no responde. Lo obligan a llevar sobre sus hombros su propio patíbulo hacia el alto lugar donde se cumpliría su sentencia de muerte, y no abre su boca. Durante tres largas horas, agonizando, en la cumbre del monte, solamente siete veces entreabre sus resecos labios, tenuemente, para darnos otras tantas enseñanzas.

¡Nadie más paciente que el Señor! Como Pedro lo entendió muy bien, nuestra salvación fue posible porque Jesús tuvo paciencia para soportar el sufrimiento. Lo mejor es que el Hijo nos tiene paciencia porque él vino del Padre, y el Padre es paciente. ¡Oh, Señor Jesucristo, gracias por ser paciente conmigo!

La paciencia del Espíritu Santo

En la enumeración de Gálatas 5:22 sobre el fruto espiritual, a las tres primeras características –amor, alegría y paz– las sigue "paciencia". La palabra utilizada aquí por el apóstol San Pablo, en el idioma griego, es *Macrotumia*. ¿Qué significa? Trataré de interpretarla en precario español: "Tolerar por largo tiempo los problemas, así como las debilidades, ofensas, heridas y provocaciones de otros". Aquí propiamente Pablo habla de la paciencia como fruto del Espíritu .Santo en la conducta del creyente; y, de manera especial, en sus relaciones interpersonales.

Ahora bien, es evidente que trabajan en acuerdo la constancia, la perseverancia y la paciencia; pero el concepto predominante, la primera voz del trío, es la paciencia. Yo se que a muchos les fastidia el tema, también que muchos no lo predican y que algunos más llegan al extremo de aconsejarle al recién convertido: "No le pidas paciencia a Dios porque entonces te mandará pruebas". Cuando hacen tales afirmaciones, están probando la paciencia de Dios y, así las cosas, no se imaginan qué calidad de prueba les puede sobrevenir. Y, por supuesto, es una mera necedad hablar así, porque sin paciencia es imposible alcanzar la santidad, y, sin santidad, nadie verá a un Dios santo que es paciente por medio de sus tres personas: Padre, Hijo y Espíritu Santo por igual.

EJEMPLOS DE PACIENCIA

Las Sagradas Escrituras están llenas de buenos ejemplos sobre la escasa virtud de la paciencia. Veamos algunos por vía de ilustración.

Primer ejemplo Noé

Se sabe que, antes del diluvio, la vida humana y también la animal eran mucho más longevas que ahora. Noe había atravesado ya la mitad de su extensa vida cuando tuvo a sus tres hijos elegidos por Dios para perpetuar la especie humana sobre el planeta:

> Noé ya había cumplido quinientos años cuando
> fue padre de Sem, Cam y Jafet.
> GÉNESIS 5:32

Después, Dios le da a Noe el diseño del arca, sus compartimientos, dimensiones, clase de madera, etc. (6:14,16) Noé debía ser un hombre muy paciente si contamos todo el tiempo que empleó en la construcción de aquel insumergible "Titanic" prehistórico:

> Cuando Noé tenía seiscientos años, precisamente en el día diecisiete del mes segundo, se reventaron las fuentes del mar profundo y se abrieron las compuertas del cielo.
>
> GÉNEIS 7:11

Es fácil hacer las cuentas: Desde cuando Noe empieza a construir el arca hasta el día en que sube a ella, transcurren cien años; como quien dice, un siglo, según la medición que hacemos hoy. Francamente se necesita mucha constancia, gran perseverancia y tremenda *macrotumia* para hacer lo que hizo el gran viejo. A veces nos parece, en nuestra propia vida, como que nunca se cumplirá lo que Dios ha prometido; y, en tales ocasiones, perdemos la paciencia, arruinamos la fe y nos volvemos inconscientes. Noé, por el contrario, conocía el principio básico de la fe: Dios siempre cumplirá lo que haya dicho. Me imagino a todos los vecinos burlándose del patriarca: "Ese barco tan grande. viejo chiflado, ¿con qué agua lo piensas mover?"

Segundo ejemplo Abraham

La Biblia nos informa que el padre de la fe tenía setenta y cinco años cuando salió de Jarán, y ello significa que, en realidad, le faltaba un siglo por vivir, ya que falleció de ciento setenta y cinco años. De cualquier manera, era mucho tiempo de vida sin haber engendrado un hijo. Y entonces...

> Después de esto, la palabra del SEÑOR vino a Abram en una visión: «No temas, Abram. Yo soy tu escudo, y muy grande será tu recompensa.»
> Pero Abram le respondió:
> —SEÑOR y Dios, ¿para qué vas a darme algo, si aún sigo sin tener hijos, y el heredero de mis

bienes será Eliezer de Damasco? Como no me has dado ningún hijo, mi herencia la recibirá uno de mis criados.

¡No! Ese hombre no ha de ser tu heredero —le contestó el Señor–. Tu heredero será tu propio hijo.

Luego el Señor lo llevó afuera y le dijo:

–Mira hacia el cielo y cuenta las estrellas, a ver si puedes. ¡Así de numerosa será tu descendencia!

Génesis 15:1–5

Pese a una promesa tan terminante de Dios, pasa y pasa el tiempo y ¡nada de nada! La vieja Sara no daba señales de fertilidad por ningún lado, aunque su esposo hacía todo lo posible por fecundarla y en aquellos tiempos ni siquiera había televisión. Abraham recibe una teofanía en la cual tres ángeles le reiteran la promesa divina de un hijo y, para abreviar la historia, Isaac finalmente nació cuando su padre genético ya tenía cien años.

Abraham es un buen ejemplo de que la paciencia es necesaria para recibir las bendiciones divinas, y que esta virtud se desarrolla solo si uno entiende que lo que Dios prometa, Dios lo cumplirá. Abraham nos enseña que vale la pena esperar con paciencia el cumplimiento de las promesas de Dios. El padre de la fe lo es porque es el padre de la paciencia. Si hay algo que muestre la fe es precisamente la paciencia.

Tercer ejemplo: Jacob

(Génesis 28—30). Este personaje ha huido de la casa de sus padres en Canaán y ahora se encuentra directamente en Padan Arán, en casa de su tío Labán, donde se desarrolla la historia –como para una telenovela– que vamos a recordar ahora. Jacob se había enamorado de su prima Raquel, e hizo un contrato con su tío: trabajaría para él durante siete años a cambio de su amada. Siete años era mucho, pero a Jacob le pareció muy poco tiempo porque estaba realmente prendado. Al finalizar los siete años, Labán prepara una gran fiesta de bodas, con vino, música y todo lo demás; y, cuando el buen Jacob entra a la alcoba nupcial, al retirar el velo de la novia, se lleva la tremenda sorpresa de que le han entregado a Lea, la hermana mayor de su amada.

Sorprendido, hace los reclamos pertinentes al suegro, quien le propone otro contrato de trabajo por siete años más si quiere recibir a Raquel por esposa. Como el amor todo lo puede, Jacob acepta el trato y, siete años después, se casa también con su prima menor. El amor es ciego definitivamente. Tremenda *macrotumia* la de un hombre casado, y, además, con dos mujeres. Digamos, al margen, que historias como esta sirven de pretexto a falsos maestros y profetas de dudosa ortografía que andan predicando la poligamia como legítima dentro del cristianismo.

Esta idea "mormonista" carece de todo sustento a la luz de las enseñanzas de Jesucristo, únicas que tienen validez para nosotros; pues, según ellas, el matrimonio es exclusivamente monógamo heterosexual. Punto final. Doblemos esta hoja diciendo que del amor de Jacob y Raquel surgieron José, en primer lugar; y, después, Benjamín, de cuya tribu salió el primer rey del pueblo del Señor. "La paciencia del amor" se llamaría esta telenovela. Con mucha razón San Pablo afirma que "el amor es paciente".

Cuarto ejemplo Job

¿Les suena este nombre en relación con la paciencia? Empecemos a ubicarnos correctamente en su libro, que es el gran poema del dolor humano. Job 1:13,20 recoge el relato de sus penalidades: sus bueyes y asnos son robados, sus criados muertos a filo de espada, sus rebaños perecen calcinados, salteadores se roban sus camellos, un huracán mata a sus hijos, su esposa lo abandona y cae gravemente enfermo. El buen Job gana el récord Guines de tribulaciones. Y, ¿cuál es su reacción?

Entonces dijo:

> «Desnudo salí del vientre de mi madre, y desnudo he de partir. El SEÑOR ha dado; el SEÑOR ha quitado. ¡Bendito sea el nombre del SEÑOR!
> JOB 1:21

Uno de los errores que se cometen, principalmente en grupos evangélicos raizales, es afirmar que, cuando alguien pasa por pruebas, significa necesariamente que Dios lo está castigando por algo malo que hizo. Tal afirmación no es verdad; al menos, no lo es en todos los casos. Pues, entonces, ¿qué castigo merecía un hombre recto e intachable que temía a Dios y vivía apartado del mal?

> En la región de Uz había un hombre recto e intachable, que temía a Dios y vivía apartado del mal. Este hombre se llamaba Job.
> JOB 1:1

A pesar de todas las catástrofes personales enumeradas, Job no pecó ni le echó la culpa a Dios. Vienen luego unos íntimos amigos, no a consolarlo, sino a restregarle las heridas, a criticarlo y fastidiarlo, como tantos consejeros supuestamente cristianos que hay por allí; los tales, cuando una persona lo único que necesita es amor, lo que hacen es llevarle razones de mayor tristeza y desolación. En el caso de Job se cumple el dicho: "Hay que darle tiempo al tiempo"; el buen hombre parece saber bien que lo único que necesitaba era paciencia para manejar las situaciones difíciles. Y, por eso, el epílogo del libro aludido, muestra el final feliz de esta historia.

> El SEÑOR bendijo más los últimos años de Job que los primeros, pues llegó a tener catorce mil ovejas, seis mil camellos, mil yuntas de bueyes y mil asnas. Tuvo también catorce hijos y tres hijas. A la primera de ellas le puso por nombre Paloma, a la segunda la llamó Canela, y a la tercera, Linda.
> No había en todo el país mujeres tan bellas como las hijas de Job. Su padre les dejó una herencia, lo mismo que a sus hermanos. Después de estos sucesos Job vivió ciento cuarenta años. Llegó a ver a sus hijos, y a los hijos de sus hijos, hasta la cuarta generación. Disfrutó de una larga vida y murió en plena ancianidad.
>
> JOB 42:12

¡Qué enorme fruto produce la paciencia!

PACIENCIA EN LA CONDUCTA

He escogido este subtítulo porque, al fin y al cabo, lo que Dios quiere que tengamos todos es, cabalmente: paciencia en la conducta. Algunos piensan que la paciencia es pasiva.

Por el contrario, la Biblia nos exhorta no solo a pensar y sentir paciencia, sino a decir y hacer paciencia. Como quien dice, vivir paciencia. Puntualizaremos algunas áreas de nuestra vida en las cuales es necesario ser pacientes.

Paciencia con los gobernantes

Aunque a veces resulta difícil, esto no es cuestión de opiniones políticas. Gracias a Dios, la Biblia –que es Su Palabra– contiene lecciones preciosas sobre este asunto:

> Con paciencia se convence al gobernante. ¡La lengua amable quebranta hasta los huesos!
> PROVERBIOS 25:15

Algo que pocas sociedades exhiben, sobre todo en los países llamados "tercermundistas", donde el pueblo es muy impaciente. Ciertamente, se atraviesan momentos difíciles en algunas naciones latinoamericanas hoy en día; pero las dificultades se agravan si los cristianos se contagian de la impaciencia generalizada, en vez de dedicarse a orar. No estoy llamando, por cierto, a la inactividad, al "dejar hacer dejar pasar", pues soy conciente de que, en momentos históricos, la iglesia debe tener una militancia real y efectiva para corregir todo aquello que atente contra los valores y principios que fundamentan la civilización cristiana. En casos así, no solo tenemos el derecho, sino la obligación, de rebelarnos. Pretendo, más bien, poner en orden las prioridades y recordar, en todo caso, la consigna que siempre he defendido:"Cristianicemos la política sin politizar el cristianismo".

Paciencia con los hermanos

Este es un tema más bien impopular, para ser francos. Sin embargo, Dios nos libre de retirar algo de su Santa Palabra:

Siempre humildes y amables, pacientes, tolerantes unos con otros en amor.

EFESIOS 4:2

Miren bien lo que dice el apóstol: humildad, amabilidad,
paciencia, tolerancia y amor, todo ello a través de la paciencia. La pregunta millonaria sería: Si el Señor te tolera a ti,
¿por qué no toleras tú a tus hermanos?

Paciencia con los ignorantes

Les confieso que este punto ha sido un gran problema
para mí, pues muchas veces he tenido que crucificarme en el
madero de la paciencia ante los ataques de la ignorancia. Los
líderes de la iglesia tenemos la perentoria obligación de tratar
con paciencia a los ignorantes y extraviados, estando nosotros
mismos sujetos a las debilidades humanas. Uno de los comentarios más agradables que hemos recibido en nuestro ministerio fue del gran amigo y maestro Neil Anderson, quien dijo:

"He estado observando a los pastores y líderes de esta
iglesia y he llegado a la conclusión de que son gente auténtica. En muchos grupos cristianos, los dirigentes usan caretas y se disfrazan de lo que no son. Aquí se observa que no
hay hipocresía religiosa ni fariseísmo. Cuando los pastores
son gente real, las ovejas son gente real"

Bajo ese espíritu, confieso humildemente que, frente a
los contenciosos, me resulta difícil ejercer la virtud de la
paciencia, porque no es cierto que el que se encuentra frente a un grupo como líder es más perfecto –o menos imper-
fecto– que los que pertenecen al grupo mismo. Algunos en
la iglesia hacen tantas barrabasadas que yo los quisiera francamente despescuezar; pero la Biblia me dice que sea paciente con ellos, que sólo por inmoralidad sexual o divisionismo

explícito debo imponer disciplinas en la iglesia. Todo lo demás, pues, lo tengo que tolerar con paciencia.

Muchos hermanos hacen cosas que a uno no le gustan, pero es necesario aprender a tolerarlos. Incluso si alguien peca, aplicar sabiamente lo que dijo San Pablo a los Gálatas: "Al que cae trátenlo con mansedumbre, métanse en sus zapatos y piense cada uno: Si fuera yo quien estaba en esta situación, ¿cómo me gustaría que me trataran?"

> Hermanos, si alguien es sorprendido en pecado, ustedes que son espirituales deben restaurarlo con una actitud humilde. Pero cuídese cada uno, porque también puede ser tentado.
> GÁLATAS 6:1

Paciencia con todos

Dios no hace acepción de personas, ciertamente; no tiene favoritos, no reconoce casos especiales, no discrimina. ¿Con quienes hay que tener paciencia? ¡Con todos! Para ser exactos, incluso con los "indeseables":

> Hermanos, también les rogamos que amonesten a los holgazanes, estimulen a los desanimados, ayuden a los débiles y sean pacientes con todos.
> 1 TESALONICENSES 5:14

Nótese de qué clase de personas habla aquí el apóstol: holgazanes, desanimados y débiles, todos los cuales deben ser tratados con paciencia, que no quiere decir con tolerancia; porque, claramente, al holgazán tengo que llamarle la atención, al desanimado debo levantarle los brazos, y al débil ayudarlo. Por favor, entendamos: al débil hay que ayudarlo siempre.

Paciencia en toda situación

Ya hemos visto que la perseverancia y la paciencia, aunque no son lo mismo exactamente, trabajan de acuerdo. El propio apóstol Pablo lo aplica así, en forma precisa:

> Y ser fortalecidos en todo sentido con su glorioso poder. Así perseverarán con paciencia en toda situación.
>
> Colosenses 1:11

Se liga aquí, una vez más, la perseverancia con la paciencia, y se añade: "en toda situación"; no hay opción posible al respecto, no se debe perseverar con paciencia en algunas situaciones que podemos seleccionar a nuestro gusto. Perseverancia y paciencia corren juntas en toda clase de pistas. Para decirlo precisamente: perseverancia con paciencia suman constancia. El reto es ser paciente, perseverante y constante en toda situación.

Paciencia en la esperanza

La epístola de Santiago es una enseñanza pragmática de cristianismo; dejando a un lado la teoría, conduce directamente a la vida cotidiana para adiestrarnos en el manejo de las complejas situaciones con las que tropezamos a menudo. Sobre nuestro tema, en esta carta hallamos una precisa conclusión:

> Por tanto, hermanos, tengan paciencia hasta la venida del Señor. Miren cómo espera el agricultor a que la tierra dé su precioso fruto y con qué paciencia aguarda las temporadas de lluvia. Así

también ustedes, manténganse firmes y aguarden con paciencia la venida del Señor, que ya se acerca.

SANTIAGO 5:7,8

Todo se reduce al pasaje que acabamos de leer: ¿para qué debemos aprender paciencia? ¿Por qué Dios nos exige paciencia? Muy sencillo, hay una sola razón fundamental: es para que esperemos la venida del Señor. Paciencia en la esperanza bienaventurada. Ahora bien, si usted no tiene fe no puede ser paciente, la falta de fe trae falta de paciencia y no hay nada que muestre más la fe como la paciencia. Hay quienes imaginan mil cosas erróneas sobre esta virtud; por ejemplo, que paciencia es indiferencia o ineficiencia.

Algunos dicen: "Yo me sentaré aquí a esperar con paciencia que el Señor me mande sus bendiciones; no moveré ni un dedo porque yo soy una persona muy paciente". ¡Mentiroso! Realmente es un haragán, un perezoso, un holgazán. La paciencia es activa y no pasiva, como algunos piensan. Por eso, precisamente, trabaja con la constancia y con la perseverancia al unísono.

La paciencia es dinámica

Desgraciadamente, todos nos impacientamos de alguna manera. Los católicos no nos tienen paciencia a los protestantes, los protestantes tampoco les tenemos paciencia a los católicos. En los hogares, los hombres se impacientan con las mujeres y las mujeres se impacientan con los hombres; los padres con los hijos, y estos con aquellos; los patronos y los trabajadores se impacientan entre sí; los alumnos y los maestros viven en mutua impaciencia; los pastores se impacientan con las ovejas, y las ovejas con los pastores.

A este respecto, convendría recordar el ejemplo del más grande de los sabios antiguos que fue Sócrates. Encarcelado por sus ideas lo condenaron a muerte, obligándolo a tomar la cicuta para envenenarse. Estando en prisión, uno de sus discípulos que era multimillonario, sobornó a la guardia y tenía todo listo para llevárselo al exterior; pero, cuando le dijo: –Las puertas de la cárcel están abiertas, vente conmigo, Sócrates le respondió: –Eso no lo puedo hacer, debo cumplir una condena impuesta por la ley. Entonces el discípulo le dijo: –¿Y cómo vas a morir inocente?, y Sócrates le respondió: –Pero tú me estás proponiendo que muera culpable.

La biografía de este hombre excepcional, nos cuenta que cierto día, estando sentado junto a una alberca, en actitud reflexiva –como posando para El Pensador de Rodin–, vino su mujer Xantipa a hacerle una larga serie de reclamos. Trascurrió un buen rato con el viejo pensando y ella regañando: Que tal cosa, que tal otra, que no se qué, que sí se cuándo; pero Sócrates no se inmutaba. La buena señora, finalmente, furiosa, tomó una jofaina, sacó agua de la alberca y se la echó encima al pensativo Sócrates. Éste se levantó, sacudió su túnica y comentó: "Era muy natural que después de tanto tronar lloviera".

Trabajemos desde hoy en oración y acción por el desarrollo de una paciencia activa dentro del cristianismo.

6. El tesoro de la amabilidad

Alégrense siempre en el Señor. Insisto: ¡Alégrense!
Que su amabilidad sea evidente a todos.
El Señor está cerca.
FILIPENSES 4:4–5

Esta epístola está dirigida a una iglesia que surgió de manera dramática: en la ciudad macedonia de Filipos, Pablo y su compañero Silas –llamado en latín Silvano– enfrentaron a un espíritu de adivinación que dominaba a una hechicera; y, como resultado de ello, fueron a dar a la cárcel. Allí, mientras cantaban alabanzas a Dios, se produjo un seísmo, las puertas se abrieron, los presos quedaron en libertad y el carcelero, muy asustado, bajo el sabio consejo de Pablo y Silas, terminó por convertirse al cristianismo, junto con su familia. Hay historias antiguas según las cuales, este carcelero fue el primer pastor cristiano en Filipos. De ser así, una iglesia que había nacido bajo tan especiales circunstancias, es la destinataria de la epístola a los filipenses.

El fruto del Espíritu, del cual nos venimos ocupando, es un tema capital del cristianismo. Hasta ahora hemos hablado del amor, la alegría, la paz y la paciencia; nos corresponde, pues, dentro de la enumeración hecha por San Pablo, la amabilidad. En antiguas versiones se decía "benignidad", una palabra que no significa exactamente lo que en el griego se quiso transmitir y que veremos ahora a espacio.

El Espíritu Santo, en este pasaje de Filipenses, está ligando en forma indisoluble dos conceptos: alegría y amabilidad. "Alégrense", dice, y "que su amabilidad sea evidente". Alegría y amabilidad siempre van juntas, no se pueden separar amabilidad y alegría; y, claro, si miramos las cosas en sentido práctico, no cabe duda alguna de que el que es amable es alegre y el que es alegre es amable.

Si nos atenemos a la etimología castellana de "amabilidad", comprendemos claramente qué significa "amable". Mi diccionario dice: "Digno de ser amado, complaciente y afectuoso". Ahora bien, amabilidad es la condición y cualidad de amable; que, en términos muy exactos, significaría "cristiano", porque lógica, natural, espontáneamente, el cristiano debe ser amable, es decir, digno de ser amado, complaciente y afectuoso. Sin embargo, no parece ser así, pues allá afuera, en la sociedad humana, hay unas ideas bastante diferentes; todo el mundo juzga que los evangélicos son, más bien, antipáticos, orgullosos espirituales, despreciativos, distanciadores y odiosos. Como quien dice, todo lo contrario de lo que está pidiendo el apóstol San Pablo cuando enseña sobre el fruto del Espíritu Santo.

Hay que reconocerlo, aunque duela, tenemos mala imagen, nos hemos ganado fama de personas anormales, por fuera del contexto social, y ese es uno de los grandes problemas que enfrenta el cristianismo de hoy. Muchos no se convierten en los días actuales, porque no quieren ser tan pesimistas, negativos e insociables, tan poco amables como el cristiano promedio de hoy en día.

El gran historiador cristiano Richard Nieburhn afirma, con razón, que cada vez que en la historia humana se presentan necesidades nuevas, la Reforma Protestante crea un movimiento específico para atenderlas. Hoy en día –añade esta reconocida autoridad– los más grandes esfuerzos cristianos se aglutinan en dos corrientes: las llamadas megaiglesias y el movimiento pentecostal, y marca esta diferencia: las megaiglesias congregan a personas de clases medias y profesionales que se ocupan del conocimiento y son más dúctiles a la gentileza relacional; en tanto, en el movimiento pentecostal, por el contrario, la tendencia es a que haya personas de clases marginales que no tienen posibilidad de ascenso social ni económico.

Tales afirmaciones de tan importante pensador cristiano del siglo XX deberían hacernos meditar: ¿se está formando esa clase de división en el cristianismo? ¿Hay, en sentido estricto, iglesias para los que piensan e iglesias para los que no piensan, iglesias para los que tienen ascenso social e iglesias para los que no lo tienen? Es lamentable que, en muchos casos, las congregaciones sean en realidad guetos cerrados y exclusivistas, y ello tiene mucho qué ver con la falta de amabilidad entre cristianos. Y hay que decir con franqueza que, para que el cristianismo vuelva a ser esencialmente lo que su Fundador quiso que fuera, es indispensable rescatar la amabilidad.

LO QUE NO ES LA AMABILIDAD

Después que miremos la parte negativa, miraremos también la positiva, en un esfuerzo dialéctico por desentrañar el sentido original de esa virtud hoy tan escasa, pero tan necesaria, que es la amabilidad. Tropieza uno casi a diario con cristianos altaneros, mordaces, de malos modales, y siente ganas de reeditar el maravilloso Manual de Urbanidad y Buenas Maneras, que fue todo un "best–seller" en viejas épocas y ahora parece una especie de incunable porque no se consigue por ninguna parte. Su autor, Manuel Antonio Carreño, era un buen protestante presbiteriano y lo único que hizo con su librito fue codificar la ética elemental que debe tener todo cristiano. ¿Qué no es la amabilidad?

No es halagar a Dios

Hay personas que oran como tratando de adular a Dios: "Señor, eres tan lindo, yo te amo tanto, tú significas todo para mí", pero le están mintiendo con la lengua y no se dan cuenta de que él mira directamente el corazón. ¿Qué dice el salmo?

> Pero entonces lo halagaban con la boca, y le mentían con la lengua.
> SALMO 78:36

El Señor no atiende a estos aduladores eclesiásticos; más bien les dice: "Farsante, mentiroso, lo que me están diciendo no lo sientes en tu corazón". ¿Debemos ser amables con Dios?, sí, pero amabilidad no significa hipocresía. Escucha uno oraciones grandilocuentes a través de las cuales las personas halagan a Dios con palabras infladas de su boca, y le dicen una cantidad de mentiras. ¡Qué tontos son! Deberían saber que Dios no se deja sobornar de nadie, pues no necesita que nadie le "eche cepillo", ni lo trate diplomáticamente. En el mundo político, diplomacia es falacia.

No es halagar al prójimo

Algunos piensan que la amabilidad consiste en decirle al prójimo con voz engolada: "Yo te amo", y pasarle la mano por la espalda, desde donde esta comienza hasta donde termina su dulce nombre, friccionándolo en una forma que a veces resulta fastidiosa. Estas son costumbres de una subcultura "evangelicoide" que nosotros hemos heredado. Pero la Biblia es muy clara al respecto:

> Yo no sé adular a nadie si lo hiciera, mi Creador me castigaría.
> JOB 32:22

En medio del dolor, el despojo, la ruina, la pobreza, la miseria, el luto, el abandono de su mujer y la enfermedad, Job es un hombre íntegro, se conserva en su ley, y razona: "Yo no trataré de arreglar mis problemas adulando a nadie para que me ayude". En contraste con Job, cuando pasamos por algún fracaso, tendemos a volvemos adulones con los demás porque tratamos de que nos tengan misericordia. Jamás debemos olvidar que "el halago recibe mal pago"

La zalamería es falsedad

Proverbios es –ni para qué recalcarlo– un libro que habla muchísimo de estos temas, como del diario vivir en general. Aquí un ejemplo:

> Como baño de plata sobre vasija de barro son
> los labios zalameros de un corazón malvado.
> PROVERBIOS 26: 23

Imagínese una vasija de barro recubierta de plata y tendrá una idea de lo que es la zalamería, algo simplemente exterior, un disfraz. Algunos piensan que son amables sólo porque son zalameros, pero la Biblia dice que, en el fondo, tienen corazones malvados. Amabilidad es cordialidad pero zalamería es hipocresía.

La adulación es simulación

¡Qué observador perspicaz era el rey Salomón! Veamos cómo trata temas que se relacionan entre sí, y que respaldan la línea de pensamiento que venimos exponiendo:

> A fin de cuentas, más se aprecia al que reprende
> que al que adula.
> PROVERBIOS 28:23

Es mejor reprensión que adulación. Simular, palabra que he utilizado, es fingir. Por eso hay simulacros. Simulador es el fingidor, aquel que anda por la vida como en un baile de máscaras, cambiando de careta cada vez que se encuentra con una persona, pero nunca se muestra como es. Y, ¡cosa terrible! disimular es simular dos veces. ¿Se ha dado cuenta que la gente disimula muchas cosas? El que disimula es doblemente hipócrita, dos veces simulador, dos veces fingidor.

La amabilidad fingida es una trampa

No es necesario movernos del maravilloso libro de los Proverbios para continuar con nuestra enumeración. Leamos:

El que adula a su prójimo le tiende una trampa.
PROVERBIOS 29:5

¿Saben una cosa? Yo siempre me pongo en guardia cuando alguien se me acerca y me dice: "Oye, pastor, como tú no hay nadie en la zona tórrida, eres la versión rústica de San Pablo" y cosas por el estilo. Me hacen temblar esa clase de palabras porque detrás de ellas está agazapado un traidor. Ahora bien, uno debe reconocer el mérito ajeno, por supuesto; pero hacerlo sin adulación y sin exageración. Digamos lo justo, como Jesús lo enseñó. Y mucho cuidado, pues la falsa amabilidad despierta la vanidad.

Los estafadores son amables

Ahora volvemos a las valiosas enseñanzas del apóstol de los gentiles:

Como saben, nunca hemos recurrido a las adulaciones ni a las excusas para obtener dinero;
Dios es testigo.
1 TESALONICENSES 2:5

Lo que Pablo afirma aquí es bien simple: "Yo no soy un estafador, nunca le he sacado la plata a nadie utilizando adulaciones ni zalamerías. Dios mismo es testigo de que jamás he actuado en esa forma". Adulaciones y excusas dice el apóstol. Cuántas personas se nos acercan en las iglesias, llenas de buenas maneras, gente aparentemente amable, pero que solo trata de ablandarnos a base de adulaciones para sacar provecho de nosotros. Hay que tener especial cuidado con tales burladores y engañadores que abundan en los grupos cristianos de hoy. Eso no es amabilidad, sino solamente un disfraz. Mucho ojo, porque el adulador puede ser un estafador.

Pasemos ahora al análisis de la parte positiva, lo que sí es la amabilidad.

LO QUE SÍ ES LA AMABILIDAD

Tenemos como base para esta serie la porción bíblica Gálatas 5:22, en la cual se enumeran las virtudes propias del fruto del Espíritu Santo, y allí encontramos: amor, alegría, paz, paciencia; y, luego, amabilidad. La palabra griega que utiliza el apóstol San Pablo es *Chrestotes,* que trataré de interpretar, ya que traducirla es muy difícil. Significa "gentil, cariñoso, refinado en conducta". Como quien dice, *chrestotes* implica urbanidad y buenas maneras.

Amabilidad es santidad

Está el amado apóstol Pablo dándonos normas de vida y conducta a través de la iglesia de Colosas y expresa textualmente:

> Por lo tanto, como escogidos de Dios, santos y amados, revístanse de afecto entrañable y de bondad, humildad, amabilidad y paciencia.
> COLOSENSES 3:12

Como siempre, es muy útil analizar las palabras que la Biblia emplea: "escogidos de Dios" Si usted se considera escogido de Dios, este mensaje le pertenece por derecho propio. ¿Qué más dice? "Amables, con afecto entrañable"; no es a base de buenas maneras externas, sino por un cariño que nace de las entrañas, es decir, directamente del corazón. Porque yo puedo ser fríamente cortés con todo el mundo, pero eso no es amabilidad.

Amabilidad es una palabra que tiene relación con amor; por eso, el afecto entrañable es lo que me hace ser amable con los demás. No es cuestión de buenas maneras sociales solamente; obsérvese que Pablo habla de bondad, humildad y paciencia, virtudes todas a las cuales se halla indisolublemente ligada la amabilidad. Para yo ser amable, en otras palabras, tengo que ser santo, afectuoso, bondadoso, humilde y paciente, no solamente cortés o gentil con las personas.

Amabilidad es vitalidad

Vuelva conmigo por un momento a Tesalónica y se sorprenderá de los descubrimientos paulinos a la iglesia de esa antigua ciudad:

> Así nosotros, por el cariño que les tenemos, nos deleitamos en compartir con ustedes no sólo el evangelio de Dios sino también nuestra vida. ¡Tanto llegamos a quererlos!
> 1 Tesalonicenses 2:8

Es cuestión de compartir no solo una enseñanza magistral, más o menos dinámica de la Palabra de Dios, sino de compartir la vida misma con los hermanos. Yo puedo ser muy decente, tener buenas maneras, comportarme con mucho decoro, practicar la urbanidad, pero eso es sólo la superficie de la conducta. La Biblia habla de algo más profundo, utiliza la palabra "cariño". Es menester, pues, deleitarse no sólo en la presentación del evangelio, sino entregar la vida a aquellas personas a quienes se les comparte el mensaje del Señor. "Los quiero tremendamente", dice Pablo. Puedo entenderlo, a mí me pasa eso con mis ovejas. Las quiero mucho.

La amabilidad es relativa

No se asuste. Es cierto que, después de que Albert Einstein descubrió la ley de la relatividad, algunos entraron en el relativismo, que es muy peligroso. Hoy se vive en el mundo un gran relativismo moral; según esta tendencia, todo no es absolutamente malo ni absolutamente bueno. Vivimos una época en la que nada es relativamente absoluto porque todo es absolutamente relativo. Aclarado lo anterior, vamos a la Biblia:

> No reprendas con dureza al anciano, sino aconséjalo como si fuera tu padre. Trata a los jóvenes como a hermanos; a las ancianas, como a madres; a las jóvenes, como a hermanas, con toda pureza.
>
> 1 TIMOTEO 5:1–2

Timoteo, al parecer, era muy joven cuando fue nombrado pastor de la iglesia en Éfeso, y aquí el apóstol le enseña la relatividad de la amabilidad. No significa ser más o menos amable con unas ó con otras personas; sino, dependiendo las edades, los rangos, los grados y las dignidades, ha de ser el tipo de amabilidad. Cada uno debe tener una tarifa diferencial en la forma como recibe el trato de los otros, pero hay que ser amables con todos.

Amabilidad con los incrédulos.

Gracias a Dios que nos obliga a ser amables con los inconversos; pues, si así no fuera, difícilmente les daríamos siquiera el saludo. La tendencia al fanatismo es deplorable, pero real, en el pueblo cristiano, pese a admoniciones tan precisas como esta:

> Más bien, honren en su corazón a Cristo como Señor. Estén siempre preparados para responder a todo el que les pida razón de la esperanza que hay en ustedes. Pero háganlo con gentileza y respeto, manteniendo la conciencia limpia
> 1 PEDRO 3:15–16a

El apóstol habla de responder; su consejo es para cuando te preguntan, no que tú andes con el libro negro debajo del brazo en los autobuses, los trenes, las paradas y los supermercados, dándole un garrotazo con la Biblia a cada persona que encuentras a tu paso por ahí. Por esa clase de proselitismos mal entendidos, muchos creerán que tú eres mormón o testigo de Jehová, o miembro de alguna secta extravagante por fuera de la sana doctrina. Dice también Pedro que hay que actuar en todo caso con gentileza y respeto, manteniendo la conciencia limpia. No es precisamente gentileza, respeto y limpia conciencia lo que se ve en muchos cristianos, sino todo lo contrario: una gran autosuficiencia, un irrespeto por el otro, una enorme chabacanería, una gran sordidez en la forma de transmitir el evangelio; y, deplorablemente, cierto aire de santa soberbia frente a los inconversos.

Por supuesto, esa conducta no convierte a nadie; sin gentileza –que es amabilidad– no podremos ganar las almas.

Para citar un ejemplo clásico, Jesús le compartió su mensaje a la samaritana, que era una idólatra, junto al monte donde estaban las imágenes de Baal y de Asera que ella adoraba. ¿Qué falta de consideración y de respeto tuvo Jesús con ella? Sólo le ofreció amor. Se limitó a transmitirle la verdad con gentileza, con respeto y con limpia conciencia y, por eso, esta mujer recibió el agua viva del Espíritu Santo. Por otra parte, ¿cómo le compartió a Nicodemo que tenía algunas confusiones sobre el nuevo nacimiento? Con gentileza y respeto, como debe ser siempre.

EJEMPLOS DE AMABILIDAD

Aparte de Jesús, que no admite clasificaciones, la Biblia ofrece casos de amabilidad destacados, de los cuales recordaremos solo algunos.

El patriarca Abraham

No en balde llamaron a este personaje clave de la historia universal "el padre de la fe". En casi todos los sermones sobre el fruto del Espíritu, Abraham hace presencia obvia, debido a su sólida personalidad de creyente; pues, como pronto lo veremos, la fe es básica para fructificar espiritualmente. En cuanto a la amabilidad, tema que ahora nos ocupa, Abraham ofrece un ejemplo perfecto cuando su mujer Sara fallece y él busca un sepulcro para enterrar el cadáver.

> Sara vivió ciento veintisiete años, y murió en Quiriat Arbá, es decir, en la ciudad de Hebrón, en la tierra de Canaán. Abraham hizo duelo y

lloró por ella. Luego se retiró de donde estaba la difunta y fue a proponer a los hititas lo siguiente:

Entre ustedes yo soy un extranjero; no obstante, quiero pedirles que me vendan un sepulcro para enterrar a mi esposa.

Los hititas le respondieron:

Escúchenos, señor; usted es un príncipe poderoso entre nosotros. Sepulte a su esposa en el mejor de nuestros sepulcros. Ninguno de nosotros le negará su tumba para que pueda sepultar a su esposa.

GÉNESIS 23:1–6

Abraham hace una nueva reverencia ante los hititas y les pide que, por favor, intercedan ante el dueño de la cueva de Macpela a fin de que se la venda para sepultar allí a Sara. El propietario, meneando la cabeza, le responde que, de ninguna manera, que él le regala la cueva para la sepultura de Sara. Sin embargo,

v. 12–13 Una vez más, Abraham hizo una reverencia ante la gente de ese lugar, y en presencia de los que allí estaban le dijo a Efrón:

–Escúcheme, por favor. Yo insisto en pagarle el precio justo del campo. Acéptelo usted, y así yo podré enterrar allí a mi esposa.

Se trata de una situación embarazosa: Sara ha muerto, Abraham es un extranjero en aquella tierra, no tiene dónde sepultar el cadáver de su esposa; pero es de observarse la amabilidad del trato social, tanto del padre de la fe como de las gentes que viven en Canaán, que eran idólatras, politeístas, estaban lejos de la fe verdadera. Sin embargo, el viudo los trata con reverencia, respeto, cortesía, amabilidad. Abraham hace una nueva reverencia ante los nacionales del lugar e insiste en pagar un precio por la tierra, pese a que el dueño de esta, el inconverso Efrén, se la quiere regalar y, también, derrocha reverencias y cortesías, es decir, amabilidad.

En tanto se lleva a cabo esta gentil discusión, el cadáver de la vieja Sara espera a la intemperie a que se decida dónde lo van a depositar finalmente. El trato que les da el padre de la fe a los incrédulos nos enseña algo valioso: todo hombre es una imagen de Dios, no importa su religión, su raza, su partido político, etc; y por todos sin excepción el Señor derramó gota a gota su sangre en el Calvario. Por esa razón, en el Sermón del Monte, Jesús nos encarece: "Sean imparciales como el Padre Celestial que hace salir el sol sobre los buenos y sobre los malos y que hace llover sobre los justos y sobre los pecadores". No escuché nunca que el Señor ordenara en la madrugada: "Que hoy salga el sol sólo para los evangélicos y que haya lluvia sólo para los bautizados; es mi voluntad –¿o mi capricho?– que los demás se queden sin agua y sin sol".

Esa misma imparcialidad que muestra Dios, la debemos mostrar sus hijos. No tenemos ninguna autoridad ni nos asiste ningún derecho para cometer el abuso de desacreditar el nombre de nuestro Padre con nuestra conducta. La amabilidad es fruto del Espíritu Santo, no simple muestra de urbanidad. Abraham era un hombre, por sobre todo, cortés. La amabilidad y la fe marchan juntas.

Jesús de Nazaret

La gente, en algunos casos, tiene la imagen de un Jesús un poco pendenciero, ¿no es cierto? "Lo cortés no quita lo valiente", dicen los viejos españoles. Sin embargo, al observar minuciosamente la conducta de Jesucristo, se llega a una conclusión asombrosa: jamás, en ningún caso, trató con dureza a personas en particular; sus grandes sermones admonitorios, sus famosas "andanadas" –perdóname, Señor tan dura expresión– eran todas dirigidas al grupo, nunca al individuo. Observen los plurales: "Fariseos hipócritas, publicanos tales por cuales", etc. Siempre al colectivo, nunca a la persona en particular. Por el contrario, a las personas individualmente las trató siempre con respeto y cordialidad; en suma, con un amor inmenso. He aquí una prueba de ello:

> Uno de los fariseos invitó a Jesús a comer, así que fue a la casa del fariseo y se sentó a la mesa. Ahora bien, vivía en aquel pueblo una mujer que tenía fama de pecadora. Cuando ella se enteró de que Jesús estaba comiendo en casa del fariseo, se presentó con un frasco de alabastro lleno de perfume. Llorando, se arrojó a los pies de Jesús, de manera que se los bañaba en lágrimas. Luego se los secó con los cabellos; también se los besaba y se los ungía con el perfume.
> LUCAS 7:36–38.

Imagínese que está usted en su casa sentado a la mesa con un huésped muy especial y, súbitamente, irrumpe al comedor una prostituta tristemente famosa y se tira a los pies de su invitado. ¿Cómo reaccionaría usted? Piense en la escena del evangelio: está Jesús en la casa de alguien importante, un principal entre los fariseos, quien ofrece un banquete en su honor; al acto social concurre toda la gente principal, y esta mujerzuela protagoniza semejante drama.

En medio del estupor general, el fariseo piensa cosas feas en su torcida mente, pero Jesús le lee el pensamiento:

> vv. 40–43 Entonces Jesús le dijo a manera de respuesta:
> –Simón, tengo algo que decirte.
> –Dime, Maestro —respondió.
> Dos hombres le debían dinero a cierto prestamista. Uno le debía quinientas monedas de plata, y el otro cincuenta. Como no tenían con qué pagarle, les perdonó la deuda a los dos. Ahora bien, ¿cuál de los dos lo amará más?
> Supongo que aquel a quien más le perdonó –contestó Simón.
> –Has juzgado bien –le dijo Jesús.

"Tranquilo, Simón, yo sé qué clase de mujer es esta promiscua y conozco todos sus horribles pecados; no pienses que soy tonto. Me gustaría que observaras algunos contrastes entre ella y tú":

> vv. 44–47 Luego se volvió hacia la mujer y le dijo a Simón:
> –¿Ves a esta mujer? Cuando entré en tu casa, no me diste agua para los pies, pero ella me ha bañado los pies en lágrimas y me los ha secado con sus cabellos. Tú no me besaste, pero ella, desde que entré, no ha dejado de besarme los pies. Tú no me ungiste la cabeza con aceite, pero ella me ungió los pies con perfume. Por esto te digo: si ella ha amado mucho, es que sus muchos pecados le han sido perdonados. Pero a quien poco se le perdona, poco ama.

Es impactante el respeto, la gentileza, la cordialidad con que Jesús trata por igual al fariseo y a la prostituta que está a sus pies. Toda su enseñanza en esta anécdota está centrada en el amor; no olvidemos que "amable" significa que ama y que merece ser amado, Es el amor el que origina la amabilidad. No se es amable si no se ama, sería un contrasentido. El que no es amable no ama, el que no ama no es amable. Sería muy bueno que, dentro y fuera de la iglesia, rescatáramos algunos detalles de amabilidad: por ejemplo, saludar; hay gente que ni siquiera saluda al feligrés que se sienta a su lado en el templo.

Los ángeles son amables

Saludar es un acto de amabilidad elemental que se ve hasta en los ángeles. ¿Recuerdan cuando viene Gabriel en persona a visitar a la adolescente María de Nazaret? Ella no era una princesa ninivita, egipcia o babilónica, sino una mujer realmente muy humilde. Un ángel es un ser superior a un ser humano; sin embargo, lo primero que Gabriel hace ante esta jovencita tímida y con acné es saludarla amablemente: "Salve, muy favorecida". Cortesía angelical.

En los tiempos actuales, ve uno descortesía aún en los noviazgos, los muchachos no saben lo que es cortejar correctamente a una mujer. En mis tiempos de juventud se decía: "Las damas primero"; pero, por supuesto, en la amabilidad había tarifas diferenciales: "Primero la edad que la belleza". También se acostumbraba dejar la acera al anciano, al limitado, a la dama; ceder el puesto a las personas mayores en edad, dignidad y gobierno; abrir y cerrar la puerta del automóvil a las señoras, etc. Hoy lo que se ve es descortesía, todo el mundo quiere pasar primero, nadie dice: "Siga usted", siendo que no se pierden diez segundos dejando pasar al otro adelante.

El cristiano debería ser conciente de que puede ganar –o perder– un alma con su conducta social. No es simplemente humanitario, sino cristiano, levantar al que ha caído, darle la mano al anciano que está cruzando la calle. La amabilidad tiene mucho que ver con la misericordia. Ayudar a los necesitados en sus urgencias y, también, ser solidario con la gente en sus alegrías no son solo amabilidades sino principios de ética elemental. Últimamente a muchos les cuesta trabajo sonreír, algo fácil de hacer y gratuito; y, claro, no significa que yo debo andar exhibiendo una sonrisa permanente de oreja a oreja, como un payaso de circo. No se trata de fingimiento, no es derrochar hipocresía, colocarse caretas, y cosas así. Pero practicar la amabilidad en todas las relaciones interpersonales es una ordenanza bíblica de ineludible cumplimiento.

Amabilidad entre padres e hijos, amabilidad entre cónyuges, amabilidad entre patronos y trabajadores, amabilidad entre hermanos y amabilidad con los inconversos. En mi iglesia se ha enseñado desde el principio esta consigna:

- Entre cristianos, unidad en la variedad.
- Con católicos y ortodoxos, convivencia en la diferencia.
- Frente a los demás sistemas, tolerancia en la distancia.

Un error grave de apreciación se comete al pensar que uno es descortés porque no está de acuerdo con algunos dirigentes eclesiásticos sobre la forma como manejan los temas bíblicos. Eso no es descortesía, sino búsqueda de una genuina identidad cristiana. Dentro de la sana doctrina, los grupos evangélicos son diferentes entre sí, no hay congregaciones clones ni creyentes clonables; la iglesia es una vid y muchas ramas y, en ese conjunto, unas ramas son largas y otras cortas, unas delgadas y otras gruesas, pero todas están adheridas a la misma vid verdadera que es Jesucristo. Es importante entender lo que significa estar unidos siendo variados; pues, si decimos "unidad en la variedad", es porque somos variados, no porque somos iguales. Lo importante es que se trate con respeto al que ve algunas cosas diferentes a como uno las percibe.

Unidad, convivencia y tolerancia

Por haber dicho que con los católicos hay que tener "convivencia en la diferencia", algunos sectores evangélicos me han criticado. Por Dios, ¿no entienden qué significa convivencia? Convivencia –en este caso– no implica acuerdo ni, mucho menos, contubernio, puesto que se añade "en la diferencia"; y, aquí sí como decían los viejos, "juntos pero no revueltos". Lo que no puede hacerse, en unos países que ya tienen suficientes enfrentamientos, conflictos y guerras, disensiones y discordias, es trasladar a América Latina la anacrónica guerra de Irlanda entre protestantes y católicos como otro factor de perturbación.

Los cristianos debemos ser pacificadores y, aunque tracemos una línea divisoria bien clara con los católico–romanos, tenemos que convivir con ellos. Convivir es "vivir con". ¿Acaso ellos viven en países distintos a los nuestros? Compartimos el mismo espacio, acatamos las mismas autoridades y sufrimos los mismos problemas, aunque no tengamos los mismos dogmas y las mismas creencias. Y ¿de qué manera se logra esto? Tal como convivía con los hititas el patriarca Abraham, por ejemplo.

Por último, frente a los demás sistemas propiciamos "tolerancia en la distancia". Yo no puedo tener la misma clase de relación con un politeísta que con un agnóstico, ni el mismo tipo de contacto con un agnóstico que con un monoteísta. Los judíos y los musulmanes creen en el Dios de Abraham, son monoteístas como nosotros; pero, dentro del monoteísmo, mi relación tampoco puede ser igual con un musulmán que con un judío. Hay ciertas diferencias y graduaciones en el trato con las personas dentro de esas "empatías" espirituales; y, por eso, promovemos "tolerancia en la distancia".

Es necesario mantener cierto trecho, más que nada con los practicantes de sistemas religiosos falsos; no es posible sostener el mismo grado de comunicación con los miembros de las diferentes creencias, aunque se debe ser amable con todos por igual. No es cierto que "todos los caminos conducen a Roma". (Bueno, a Roma puede que sí, pero no a Dios). Respecto a este tema de la amabilidad, francamente debiéramos volver a la enseñanza sencilla de Agustín de Hipona en el siglo IV:

- En lo esencial, unidad.
- En lo no esencial, libertad.
- Y en todas las cosas, caridad.

Si entendiéramos y aceptáramos estas consideraciones tan sencillas, nuestra amabilidad crecería y seríamos seguidores más auténticos de Aquel a quien San Pablo describe como el máximo ejemplo de amabilidad conocido en la historia. Las instrucciones del apóstol tienen validez para todos los tiempos y, en cortos versículos, nos dan un marco teórico de la amabilidad:

> Por tanto, si sienten algún estímulo en su unión
> con Cristo, algún consuelo en su amor, algún

compañerismo en el Espíritu, algún afecto entrañable, llénenme de alegría teniendo un mismo
parecer, un mismo amor, unidos en alma y pensamiento. No hagan nada por egoísmo o vanidad; más bien, con humildad consideren a los
demás como superiores a ustedes mismos. Cada
uno debe velar no sólo por sus propios intereses
sino también por los intereses de los demás.

FILIPENSES 2:1–4

Amabilidad, fruto del Espíritu Santo que, al producirse
en cada hijo de Dios, multiplica su semilla prodigiosa en los
surcos de la sociedad para que ésta produzca una gran cosecha jovial de seres humanos gentiles y respetuosos unos con
otros. Soñemos con ese milagro de la productividad espiritual de Cristo.

7. La luz de la bondad

Por tanto, considera la bondad y la severidad de Dios:
severidad hacia los que cayeron y bondad hacia ti.
Pero si no te mantienes en su bondad,
tú también serás desgajado.
ROMANOS 11.22

La bondad es la sexta característica del fruto espiritual, según la bien conocida enumeración paulina. Es este un capítulo de Romanos en el cual el propio apóstol habla sobre la relación de los cristianos con los judíos; en su perspectiva, ellos son el olivo natural, y nosotros, ramas silvestres injertadas; y, por lo tanto, debemos tener la mejor relación posible con el pueblo de Israel. Pero, al margen de la deseable amistad entre judíos y cristianos, la referencia a la bondad de Dios –y a su severidad– nos viene como anillo al dedo ya que, en nuestra serie, vamos a hablar de la bondad.

En una definición básica, primaria, la bondad es propiamente la condición de bueno. Necesariamente, la bondad nace de un corazón bueno, pues un corazón malo produce maldad; y, como se trata de algo espiritual, obviamente la bondad proviene de Dios; exactamente, del corazón mismo de Dios. La razón es sencilla, porque Dios es infinitamente bueno, en su propia naturaleza esencial palpita la bondad. Miraremos por lo tanto el tema apasionante de la bondad de Dios.

La bondad divina

Siguiendo el método lógico que debe aplicarse, examinaremos la bondad divina a través de la forma como se manifiesta en las tres personas de la Santísima Trinidad.

La bondad del Padre

Al analizar la bondad del Padre Celestial, viene a mi memoria el viejo catecismo del sacerdote jesuita Gaspar Astete, que redujo a fórmulas simples la doctrina del catolicismo; pero que, de todas maneras, contiene verdades básicas de la fe cristiana. Una de sus esencialistas definiciones dice en forma cabal: "Dios es un ser infinitamente bueno"; por eso, al manifestarse su bondad y su amor nos dio salvación, no por nuestros propios méritos justificativos –que no los poseemos–, sino exclusivamente por su misericordia.

Pero cuando se manifestaron la bondad y el amor de Dios nuestro Salvador, él nos salvó, no por nuestras propias obras de justicia sino por su misericordia. Nos salvó mediante el lavamiento de la regeneración y de la renovación por el Espíritu Santo, el cual fue derramado abundantemente sobre nosotros por medio de Jesucristo nuestro Salvador.

TITO 3:4,6

Tenemos aquí claramente expuesto por el apóstol San Pablo, que es el sistematizador del cristianismo, cómo la bondad y el amor de Dios actúan juntos para salvarnos. Obviamente, nadie puede ser bondadoso si no es amoroso. Dios manifiesta su bondad y su amor en forma simultánea, porque van de la mano, son "siameses", el amor y la bondad. El amoroso es bondadoso, el bondadoso es amoroso. Es muy triste ver en iglesias cristianas que se suponen de sana doctrina, multitudes de personas tratando de hacer méritos ante Dios para que las salve. ¡Qué contradicción, qué despropósito tan grande!

Esa es la quimera católico–romana que produjo –por reacción y gracias a Dios– la Reforma Protestante. Los jubileos, las peregrinaciones, las limosnas, las penitencias, las indulgencias plenarias o de las otras, no sirven absolutamente para nada. Dios no se deja sobornar de nadie a base de buenas obras. No es por tu hoja de vida repleta de méritos que se te va a dar la salvación. Somos salvos únicamente cuando, por medio de la fe, aceptamos de Dios su amor y su bondad humanados en Jesucristo, lo cual añade un elemento clave: misericordia. La ecuación perfecta que plantea Pablo es: amor + bondad = misericordia.

Si seguimos leyendo este pasaje en su contexto, encontraremos cómo interactúan las tres personas de la Deidad. Últimamente en el cristianismo evangélico hay una nociva tendencia a fraccionar la Trinidad. Algunos ya se llaman "los solo Jesús", y hay otros que se centran exclusivamente en el Espíritu Santo. Tales posturas son erróneas. Como lo he dicho varias veces, si un cristiano se especializa en el Padre, se vuelve místico contemplativo; si se especializa en el Hijo se vuelve humanista; y, si se especializa en el Espíritu Santo, se vuelve ocultista. La Trinidad no se puede dividir, pues Dios es uno.

Dicho lo anterior, observemos cómo interactúan las tres personas divinas en el misterio de la salvación: El Padre, que es amor y bondad, nos da la salvación por su misericordia; pero lo hace mediante el lavamiento de la regeneración y la renovación por el Espíritu Santo. El Padre actúa, pues, por el Espíritu. ¿Cómo lo hace? Veamos: Lavamiento, ¿qué implica? Que estoy sucio y me doy un baño para quedar limpio. Eso es lo que simboliza el bautismo en agua: limpieza, completo aseo interior. Ahora bien, regeneración, ¿qué significa? Nuevo nacimiento. No que usted es reformado, sino que muere y vuelve a nacer, que es hecho una nueva criatura. Y, finalmente, renovación. Por desgracia, hay personas que confunden los conceptos: pero, por supuesto, no es lo mismo regeneración que renovación. Regeneración es el acto de nacer de nuevo, renovación es el trabajo diario de mejoramiento de la personalidad, hecho por el Espíritu Santo. Significa que cada día soy mejor. "Mejor" no, digamos "menos peor".

Allí tenemos, entonces, lavamiento, regeneración y renovación; luego, ya mencionados el Padre y el Espíritu, se añade que Éste fue derramado abundantemente por Aquel sobre nosotros por medio de Jesucristo nuestro Salvador. Dios actúa siempre como Trinidad, no separadamente. No soy yo por mis obras meritorias quien logro mi propia salvación; tampoco la puedo obtener por medio de María o de los santos; El Salvador es Jesucristo, la salvación es sólo por medio de Él. Punto final. Y allí tenemos, ni más ni menos, la más grande expresión de la bondad de Dios: nuestra salvación gratuita, sin merecerla. Somos salvos por la bondad de Dios.

La bondad de Cristo.

Creo que es como llover sobre mojado hablar de la bondad de Jesucristo; pues él es, en realidad, la bondad misma hecha hombre, la bondad encarnada. Todo lo que él dijo y todo lo que hizo durante su tránsito terrenal, se reduce a ejercer la bondad. Por bondad se hizo hombre; por bondad, perdonó a las prostitutas; por bondad impidió que la adúltera fuera apedreada; por bondad puso a andar al paralítico; por bondad hizo ver al ciego; por bondad multiplicó los peces y los panes; por bondad calmó la tempestad, por bondad, ¿qué más hizo? Liberar a los endemoniados y...

Abreviemos diciendo que todo lo que hizo, lo hizo por bondad. Su sacrificio en la cruz es el acto de bondad más extraordinario que se conoce. Él hizo todo su trabajo redentor por bondad, resolviendo la ecuación: amor + bondad = misericordia. Cuando lo maltrataban sobre la cumbre del Calvario, de su lengua exhausta brotó una breve imprecación:

> Padre —dijo Jesús—, perdónalos, porque no saben lo que hacen.
> Lucas 23.34

Cristo es misericordioso por su bondad y es bondadoso por su amor. Así de simple es el asunto. ¿"Perdónalos"? ¡Es increíble! Imagínate lo que le hemos hecho todos sin excepción a Jesucristo: Lo declaramos culpable siendo inocente, lo sentamos en el banquillo de los acusados con testigos falsos y calumnias, lo coronamos de espinas, le vendamos los ojos, le arrancamos la barba, lo escupimos, lo abofeteamos, lo golpeamos, lo condenamos a muerte. Y ahora está él en el madero como un nudo informe de cartílagos y nervios sangrantes; y, sin embargo, en sus labios amoratados y agonizantes hay fuerza todavía para decir: "Padre, perdónales". Y si eso no es la bondad, ¿cómo tenemos que llamar a tal acción? En su más grande acto de bondad, Jesucristo se encarga de todas nuestras culpas. Mira el beneficio de su infinita bondad:

> Y en unión con Cristo Jesús, Dios nos resucitó y nos hizo sentar con él en las regiones celestiales, para mostrar en los tiempos venideros la incomparable riqueza de su gracia, que por su bondad derramó sobre nosotros en Cristo Jesús.
> Efesios 2:6–7.

Dice la Biblia: "con él" y "en él", pues por la bondad de Cristo nosotros fuimos perdonados. Del corazón del Padre al corazón del Hijo viene la bondad hasta nosotros. Pero, ¿cómo la obtenemos? Es lo sigue ahora.

La bondad del Espíritu Santo

En Gálatas 5:22, que ha sido la escritura marco en esta serie de enseñanzas, leemos que el fruto del Espíritu es amor, alegría, paz, paciencia, amabilidad; y, ahora ¿tenemos qué? ¡Bondad! La palabra que utiliza el apóstol en este pasaje particular, en el idioma griego, es *Agathosune*. Trataré de interpretarla, porque traducirla es imposible, ya que la riqueza de los vocablos en el griego es prácticamente incomprensible en nuestro idioma. *Agathosune* quiere decir, más o menos: "estado natural del hombre bueno, que es virtuoso, benévolo, piadoso y misericordioso en vida y conducta". *Agathosune*, es una cualidad que sólo posee el que está lleno del Espíritu Santo.

No nos engañemos: con nuestro esfuerzo no podemos desarrollar esta virtud, porque la bondad es fruto; y, por lo tanto, al ser producido por un árbol, se da como algo natural. El simbólico grano de mostaza sembrado en tu corazón se convierte en un árbol que da el fruto de la bondad. El árbol eres tú mismo. Por el contrario, al ofrecer las características de los falsos profetas –que ahora abundan– Jesús es muy terminante sobre el tema.

> Por sus frutos los conocerán. ¿Acaso se recogen uvas de los espinos, o higos de los cardos? Del mismo modo, todo árbol bueno da fruto bueno, pero el árbol malo da fruto malo.
> MATEO 7:16–17

Allí tienes perfectamente claro que es del corazón de donde nace esta virtud, que el Espíritu Santo desarrolla el buen fruto en tu mundo interior y lo muestra en tu conducta. El árbol se conoce por su fruto; el ser humano se conoce por su bondad o su maldad.

EL FRUTO DE LA BONDAD

La bondad de Dios Padre, manifestada en Dios Hijo a través de Dios Espíritu Santo se refleja en todas las áreas de la vida humana. Es, por lo menos, lo que se supone que deben hacer los creyentes. Si no practicas bondad, no muestras fruto cristiano; si muestras maldad, eres un árbol malo, no el árbol bueno que Jesucristo quiere que seas. Vamos ahora a mencionar algunas áreas en las cuales el fruto debe ser evidente.

Bondad en el templo.

En la historia religiosa de Israel hay un momento solemnísimo: Salomón ha construido el edificio más lujoso y monumental para honrar el nombre del Señor, el famoso templo de Jerusalén, y ahora eleva una oración consagratoria, la cual contiene varios elementos dignos de minucioso análisis. He aquí uno de ellos:

> Ahora, Dios mío, te ruego que tus ojos se mantengan abiertos, y atentos tus oídos a las oraciones que se eleven en este lugar.
>
> Levántate, Señor y Dios; ven a descansar, tú y tu arca poderosa. Señor y Dios, ¡que tus sacerdotes se revistan de salvación! ¡Que tus fieles se regocijen en tu bondad! Señor y Dios, no le des la espalda a tu ungido. ¡Recuerda tu fiel amor hacia David, tu siervo!»
>
> 2 Crónicas 6:40–42

En ese lugar reservado para Dios, el templo, los siervos deben estar revestidos, no de vestimentas físicas, sino "de salvación"; lo cual indica que, ante Dios, es más importante el ornamento interior que el exterior; y los fieles, por su parte, los miembros de la congregación, deben regocijarse en la bondad de Dios. Sí, en su bondad.

Bondad en el país

Sé que resulta un poquito irónico o sarcástico hablar de bondad en los países que forman el mundo de hoy. Creo que Nehemías es una escritura pertinente, pues, al hablar de las bendiciones que el pueblo de Dios ha recibido, expresa:

> Conquistaron ciudades fortificadas y una tierra fértil; se adueñaron de casas repletas de bienes, de cisternas, viñedos y olivares, y de gran cantidad de árboles frutales. Comieron y se hartaron y engordaron; ¡disfrutaron de tu gran bondad!
> NEHEMÍAS 9:25

En el país a donde llegaron los israelitas pudieron regocijarse disfrutando de la gran bondad de Dios. A los que creen, en medio de las tinieblas nacionales que los circundan, que es irónico o sarcástico hablar de bondad en algún país del mundo, quiero recordarles que en Canaán hubo guerras, violencia, muerte y destrucción, pero Dios intervino sobrenaturalmente y, entonces, aquel fue el país que aquí describe Nehemías. Ahora bien, hay que creer las promesas de Dios, apropiarse de ellas y esperarlas con certeza.

Bondad en la vida terrenal

Algunos se imaginan que las bendiciones de Dios son para el cielo. Claro que en el lugar así llamado es ya total la bendición divina; pero es un error de enfoque y apreciación pretender –como muchos lo hacen, desventuradamente– que la vida terrenal carezca de bendiciones. Vamos a confirmar, entonces, la bondad divina en nuestra vida terrenal.

> Pero de una cosa estoy seguro: he de ver la bondad del Señor en esta tierra de los vivientes.
>
> Salmo 27:13

David, que es experto en reconocer la realidad de Dios, está seguro de que verá la bondad del Señor "en esta tierra de los vivientes"; es decir, aquí mismo, en este planeta, durante el transcurso de esta vida. Cierto que tengo vida eterna, que mi lugar en el cielo no me lo quitará nadie; pero cierto, también, que yo veré –como David– la bondad del Señor ahora y aquí, en esta tierra y en esta vida. Y que conste: David atravesaba por enormes dificultades cuando compuso este salmo.

En ese momento, como rey, se hallaba en una situación muy parecida a la que tienen hoy los presidentes de muchos países. Había violencia, pestes, guerra civil, destrucción sobre la tierra santa; pero, así y todo, él dice estar seguro de que verá la bondad de Dios. David era un hombre de fe profunda, sin duda. La bondad de Dios vendrá no sólo para darnos la salvación eterna, no únicamente para asegurarnos la vida celestial, que es lo más importante; se hará evidente también aquí y ahora, en este mundo y en esta existencia transitoria.

La bondad como testimonio

Para no desaprovechar a un personaje tan rico en significado como David –experto en reconocer la bondad de Dios–, tomemos otro de sus maravillosos salmos:

> Cuán grande es tu bondad, que atesoras para los que te temen, y que a la vista de la gente derramas sobre los que en ti se refugian.
>
> Salmo 31:19

¿Te imaginas a Dios guardando su bondad como un tesoro? Ahora, para qué o para quién es ese tesoro? Allí dice claramente: "para los que le temen". En una imagen que denota abundancia, el salmista dice que Dios "derrama a la vista de la gente" su bondad; ésta es, pues, como una catarata permanente cayendo sobre nosotros, a los ojos de quienes nos rodean, para que todos se den cuenta que Dios es bueno con los que en él se amparan, los que han hecho de él su refugio. De todo corazón espero que sea realmente para ustedes esta bellísima palabra, para que den un testimonio público evidente de la bondad del Señor.

Bondad en la estrechez

No quiero desprenderme del gran experto en la relación del hombre con Dios que es David, porque su himnario es una cantera inagotable de inspiración sobre la bondad divina.

> Tu familia se estableció en la tierra que en tu bondad, oh Dios, preparaste para el pobre.
> SALMO 68:10

Habla con Dios el rey y le dice "tu familia", es decir, la familia de Dios ha podido tomar posesión y establecerse en la tierra que "en tu bondad" habías preparado "para el pobre". Obsérvese que eran pobres y nunca más lo fueron cuando Dios en su bondad les hizo entrega de la tierra. Mirar hoy a los judíos en todas partes del mundo es estimulante; ellos son ricos de varias maneras, no solamente la económica, sino, también, la científica, filosófica, literaria, artística, etc. En su bondad Dios prepara una tierra, para que su familia humana pueda enriquecerse. Él dispone posesión para el desposeído, para que el pobre precisamente deje de serlo.

Deplorablemente, el inconciente colectivo causa un daño terrible a quienes provienen de países latinoamericanos. ¿Cuál es la diferencia básica de mentalidad sobre los bienes materiales entre católicos y protestantes? Muy sencilla: el catolicismo tiende a la teología de la miseria, según la cual, para agradar a Dios se tiene que vivir en la inopia y vestidos de remiendos, según creencia popular; pues Dios, supuestamente, se agrada de tales personas. La mentalidad protestante, por el contrario, cree lo dicho de mil maneras en la Palabra de Dios: que lo importante no es tener o no tener bienes materiales; que habrá dificultades, que, a veces, pasaremos por momentos de estrechez económica; pero que, si confiamos en Dios, él sin duda hará que no nos falte lo necesario e, incluso, nos puede sobreabundar.

La prosperidad económica no es una maldición, pero es necesario entender la función social de las riquezas –muchas o pocas– que Dios pone en nuestras manos y que no son nuestras, sino de él. Cada uno de nosotros sólo es un administrador, un mayordomo, a quien Dios le tomará cuentas al revisar sus libros de contabilidad. ¿Cómo le ha manejado usted a su Amo y Señor los tesoros que le confió? El dinero es para bendecir a mucha gente. Lo que la Biblia condena es la codicia, la avaricia, el apego a los bienes materiales, el hacer del dinero un dios; por eso Pablo ha dicho tan claramente que "avaricia es idolatría".

Alguien me dirá: pero es que san Agustín, a quien usted a veces cita, dijo que "el dinero es el estiércol del diablo". Sí, lo dijo san Agustín, pero no estoy de acuerdo con él en este punto, porque el profeta Miqueas dice, hablando por Dios: "Mío es el oro, mía la plata y míos todos los tesoros"; y ¿cómo de algo que Dios declara como suyo, puede decirse que es "estiércol del diablo"?

El dinero no es bueno ni malo, sino totalmente neutro; es malo o bueno nuestro corazón al usarlo en uno u otro sentido. Una pregunta sencilla, aquí entre nos: ¿por qué será que las potencias del mundo son los países protestantes? La respuesta es simple: es cuestión de mentalidad, porque lo que piensas es lo que sientes, lo que sientes es lo que dices, lo que dices es lo que recibes en tu vida. David, como vemos, habla muchísimo en sus salmos de la bondad de Dios, porque él la conoció como pocas personas sobre la tierra. Y observa cómo David liga la bondad a la prosperidad.

Bondad en la victoria

Sigamos con David, pues sería necio abandonarlo en lo mejor de sus sabias enseñanzas. Ya casi hacia el final del salterio, encontramos esta maravillosa escritura.

> Se proclamará la memoria de tu inmensa bondad, y se cantará con júbilo tu victoria.
> SALMO 145:7

Ahora se nos habla de bondad y victoria unidas sólidamente. Dicho en forma directa: la victoria también proviene de la bondad. El malo nunca será victorioso, la victoria está destinada por Dios para el que tiene bondad en su corazón y practica bondad en su vida. El bondadoso será victorioso. Mira, una vez más, la divina secuencia: el Padre, que es bondad, transmite su bondad al corazón del Hijo; y, desde éste, por medio del Espíritu Santo, el fruto de la bondad es nuestro. Nosotros somos los árboles obligados a dar la cosecha de bondad que Dios espera de sus hijos.

Bondad en el servicio

El admirado apóstol Pablo, instrumentador de la doctrina cristiana, instruye sobre cómo debe ser el servicio a Dios. Su instrucción no es solamente para los ministros del evangelio, pues todos los creyentes somos siervos de Dios; por lo tanto, tiene aplicación de carácter general:

> Servimos con pureza, conocimiento, constancia y bondad; en el Espíritu Santo y en amor sincero.
>
> 2 Corintios 6:6

Siempre me gusta desmenuzar lo que dice Pablo, porque él ofrece lecciones muy valiosas, a veces escondidas en el texto. Veamos las condiciones del siervo dadas aquí:

1. Pureza. Mi vida tiene que ser pura e irreprensible, de lo contrario yo no tengo ninguna autoridad para subir a un altar o para escribir un libro cristiano.

2. Conocimiento. Yo no puedo ser un ignorante, debo conocer a fondo lo que enseño y predico, pues bien dice el profeta: "Mi pueblo se ha perdido porque le faltó conocimiento".

3. Constancia. No hay un trabajo más arduo que el de ministro del evangelio, o el de siervo de Dios en general, porque estamos enfrentados a circunstancias humanas difíciles; pero, sobe todo, a fuerzas espirituales poderosas que combaten todo el tiempo contra nosotros. Y allí dice "constancia", para indicarme que jamás debo desmayar; que, sin importar pruebas, enfermedades y tribulaciones, tengo que ser firme en el servicio a Dios.

4. Bondad. Si no reflejo la bondad de Dios en mi conducta, no sirvo para este oficio. Ahora, quiero hacer claridad sobre un punto: bondad no significa permisividad. Algunos imaginan que el bondadoso debe ser un poco majadero, o quizás de manga ancha, pasar por alto las anomalías, hacerse de la vista gorda ante las inmoralidades, y cosas así. Eso es lo contrario de lo que la Biblia enseña; y, si no me lo quieren creer, pasen al subtítulo siguiente.

¿BONDAD O SEVERIDAD?

Dios no es incompleto; por lo tanto, es bondadoso pero, también, severo. Tenemos que decir las cosas como son, no como nos parece a nosotros que deberían ser en nuestro "ilustrado" criterio.

> Por tanto, considera la bondad y la severidad de Dios: severidad hacia los que cayeron y bondad hacia ti. Pero si no te mantienes en su bondad, tú también serás desgajado.
> ROMANOS 11:22

Bondad y severidad. La balanza divina tiene un platillo que se llama misericordia y tiene otro que se llama justicia y –aunque mucha gente no lo entienda– la justicia y la misericordia pesan exactamente igual en la balanza de Dios. No es mayor su justicia que su misericordia, como piensan algunos; ni, tampoco, es mayor su misericordia que su justicia, como sueñan otros, porque él es perfecto; y, por lo tanto, sus atributos tienen que ser, necesariamente, perfectos.

A veces se presentan confusiones lamentables: En el Antiguo Testamento, Dios luce terrible y castigador; en el Nuevo Testamento, Dios es bondadoso. No significa ello que Dios haya dividido su corazón, o cambiado de personalidad de un Testamento al otro. Lo que pasa, simplemente, es que el Antiguo enfatiza la severidad de Dios, y el Nuevo enfatiza su bondad. "La bondad y la severidad del Señor", de que nos habla Pablo.

No te imagines que, porque Dios es bueno, su bondad va a ser mayor que su severidad; o que, por que es severo, su severidad sobrepasará a su bondad. En este tiempo hedonista, no sueñes que puedes hacer lo que te da la gana bajo la idea de que, como Dios es bueno, no te sucederá absolutamente nada. Recuerda que también dice la Biblia que Dios "no dará por inocente al culpable".

Bondad es luz

Pero, ¿cómo saber lo que realmente agrada al Señor? ¡Leyendo la Biblia! En ella, precisamente, encontramos claves maravillosas de vida y conducta por doquier. He aquí un buen ejemplo:

> Porque ustedes antes eran oscuridad, pero ahora son luz en el Señor. Vivan como hijos de luz (el fruto de la luz consiste en toda bondad, justicia y verdad).
>
> EFESIOS 5:8–9

Los cristianos no solo andamos en luz, sino que "somos luz" directamente; por lo tanto, se supone que tenemos la claridad suficiente para comprobar lo que agrada al Señor, lo que le produce alegría, lo que le da complacencia. Por otra parte, aquí se está diciendo algo trascendental: la luz es un árbol que da fruto, un fruto que alumbra. Y, ¿cuál es ese fruto resplandeciente? Pablo dice expresamente que el fruto de la luz es bondad, justicia y verdad. La verdad y la justicia están íntimamente vinculadas a la bondad.

Todos los días, al despertar, dígase a sí mismo: "Yo soy luz en el Señor, hoy viviré como hijo de luz". Hay que leer completas las Escrituras, escudriñarlas, entresacar su significado profundo. No es eso lo que se hace hoy, cuando la Palabra de Dios se consulta al azar, en una peligrosa "bibliomancia" que abre la puerta al espíritu de adivinación.

Como se habrán dado cuenta, la bondad siempre va acompañada de otras virtudes. Al comienzo de este capitulo comprobamos que la bondad es inseparable del amor y la misericordia; y aquí se nos dice que marcha al unísono con la justicia y la verdad. Un corazón bondadoso nos lleva a actuar como lo ha expresado el poeta mexicano Amado Nervo, a quien algunos llamaron "el místico sin religión". Él dijo esto:

Si una espina me hiere,
me aparto de la espina
pero no la aborrezco.

La bondad es algo tan maravilloso que su ejercicio resume el cristianismo práctico por esencia. El bondadoso coloca la otra mejilla, perdona las ofensas, no guarda rencores, tiene gentileza para con el prójimo. ¿Qué es lo que necesita este mundo maligno en que vivimos? ¡Bondad! El Dios de luz es infinitamente bueno y lo que nosotros debemos reflejar en nuestra conducta es la bondad de nuestro Padre, puesto que somos hijos de luz. No olvidemos jamás lo afirmado por Jesucristo en el Sermón del Monte, que es la constitución nacional del reino de los cielos: "Ustedes –es decir, nosotros– son –somos– la luz del mundo" y la luz da un fruto de bondad.

El apóstol San Pablo –guiado por el Espíritu Santo– nos ha enseñado cómo practicar la bondad en la conducta diaria, a través de una serie de técnicas efectivas para manejar las relaciones interpersonales. Una de tales magistrales pautas fue dada en Romanos 12:9,21, que los invito a revisar con una buena lupa espiritual. Lo que muestra esta breve porción bíblica es la práctica de la bondad en todos los actos de la vida. Su conclusión es terminante:

> No te dejes vencer por el mal; al contrario, vence
> el mal con el bien.
> ROMANOS 12:21

Vencer con el bien el mal. Sistemas religiosos como la Cienciología, a la cual se afilian en forma creciente figuras del espectáculo –John Travolta y Tom Cruise son dos ejemplos– enseña todo lo contrario: vengarse, devolver la ofensa multiplicada. Eso es seguirle el juego a Satanás; pues, como bien lo dijo Gandhi, si aplicáramos el "ojo por ojo", todos estaríamos ciegos en el mundo. Las tinieblas de la maldad retroceden cuando los hijos del Dios de luz esparcen alrededor el fruto de su árbol espiritual.

8. EL FUEGO DE LA FIDELIDAD

Luego vi el cielo abierto, y apareció un caballo blanco.
Su jinete se llama Fiel y Verdadero. Con justicia dicta
sentencia y hace la guerra. Sus ojos resplandecen como
llamas de fuego, y muchas diademas ciñen su cabeza.
Lleva escrito un nombre que nadie conoce sino sólo él.
Está vestido de un manto teñido en sangre,
y su nombre es «el Verbo de Dios».
APOCALIPSIS 19:11–13

He estado en estos días analizando algo sobre lingüística en relación con traducciones bíblicas y me he llevado sorpresas tremendas. Por ejemplo, los indios misquitos de

Nicaragua no tienen en su lengua la palabra "perdón" ¿Se imaginan el dolor de cabeza de los traductores bíblicos para transmitir un concepto esencialmente cristiano en tales condiciones? Se vieron precisados a reemplazar esa palabra por una frase muy larga; y, por eso, las Biblias en misquito, donde debiera aparecer "perdón", dicen: "ser incapaz de recordar la falta de otro".

El problema no es nuevo: Cuando Martín Lutero tradujo la Biblia al alemán, existía una versión del obispo Ulfilas que se había hecho siglos antes en gótico, precisamente para los godos; luego el gran reformador realizó su maravillosa traducción directa del hebreo, el arameo y el griego al alemán, dándole su definitiva forma gramatical a este idioma.

Y Lutero también se encontró con algunas dificultades, por ejemplo ésta: Jeremías, al comienzo de su libro, menciona el árbol que florece temprano, que es el almendro en las tierras bíblicas; pero sucede que, en Alemania y el norte de Europa, el almendro no florece temprano sino tarde. Entonces, pensó Lutero, "si traduzco literalmente esto, hago una pésima interpretación de lo que Jeremías pretende trasmitir"; y, al percatarse que el árbol que florece temprano en Alemania y el norte de Europa es el enebro, con prodigioso pragmatismo cambió un árbol por el otro; y, así, la traducción de Jeremías por Lutero no dice almendro sino enebro.

Me imagino que, si eso lo hubiera hecho por aquí entre nosotros, al traductor lo habrían tratado de hereje y una hoguera evangélica se habría activado para quemar a Lutero por violar la textualidad de las Sagradas Escrituras; porque los críticos de traducciones bíblicas actualizadas generalmente lo hacen por pura ignorancia. De todas maneras, es más importante traducir el espíritu que traducir la letra de la

Escritura. Aclarado lo anterior, vayamos a la Palabra de Dios, la cual –a través de versiones, revisiones y nuevas traducciones– "cambia el lenguaje pero no cambia el mensaje".

Nos muestra aquí Juan a Jesucristo directamente en su gloria, no el humilde carpintero de Nazaret, no la "raíz de tierra seca, sin parecer ni hermosura para que lo admiraran", sino el Verbo de Dios. Llaman la atención algunas características en la maravillosa descripción que hace el autor de Apocalipsis. El *Logos* está montado en un caballo blanco, dicta sentencia, es decir es juez; hace la guerra, es decir es un soldado; tiene llamas de fuego en la mirada, su cabeza está coronada con muchas diademas y se llama nada, más y nada menos: Fiel y Verdadero.

Los dos atributos más sobresalientes del Señor en esta descripción son fidelidad y verdad; y, por supuesto, fidelidad y verdad deben ir siempre juntas; usted no puede ser fiel si no es verdadero y no puede ser verdadero si no es fiel. La fidelidad y la verdad son gemelas. Un infiel –o desleal– no es veraz, sino esencialmente mentiroso, como un veraz –o verdadero– solo sabe ser fiel. Sin fidelidad no puede haber veracidad.

LOS NIVELES DE LA FE

En nuestra particular serie sobre el fruto espiritual, hemos trasmitido ya enseñanzas sobre: amor, alegría, paz, paciencia, amabilidad y bondad; y ahora nos toca hacer una exposición sobre la fidelidad. Los que conservan su arcaica versión y revisión bíblica, van a contradecir, porque allí no dice "fidelidad", sino "fe". Pues bien, aclararemos esta diferencia, con mucho respeto por las personas aludidas. Seamos claros: no es que su traducción sea falsa, sino inexacta. Miren que no es lo mismo ser falso que ser inexacto. En otros casos, es exacta pero inactual. Exactitud y actualidad tampoco son lo mismo.

A veces, en los idiomas originales de la Biblia, una palabra significa varias cosas relacionadas entre sí. Por ejemplo, en el hebreo, el vocablo *emuná* puede significar fidelidad y fe, de acuerdo con el contexto. Lo primero que debemos aclarar, ya mirando las cosas en el texto griego, son los niveles de la fe, para que no tengamos confusiones. Ciertamente, aunque el concepto de fe es integral, hay matices que ayudan a su comprensión.

Primer nivel: la fe salvadora.

Como su nombre lo indica, es aquella fe que me da la salvación eterna, el único requisito para ser salvo, para asegurar mi lugar en el cielo por siempre. Una escritura muy popular en la iglesia evangélica describe a las mil maravillas este nivel de la fe:

> ¿Qué afirma entonces? «La palabra está cerca de ti; la tienes en la boca y en el corazón.» Ésta es la palabra de fe que predicamos: que si confiesas con tu boca que Jesús es el Señor, y crees en tu corazón que Dios lo levantó de entre los muertos, serás salvo.
>
> ROMANOS 10:8–9.

La técnica que nos está dando aquí el apóstol es sencilla y elemental pero incomprendida en algunos sectores cristianos: Para obtener la salvación eterna no necesito absolutamente nada más que seguir el procedimiento paulino; creer y confesar. Al finalizar los pasados siglo y milenio, hubo mucho bochinche internacional porque el Vaticano firmó con la Iglesia Evangélica Luterana una declaración muy pomposa en la cual las dos congregaciones se ponían de acuerdo para afirmar que la salvación es únicamente por fe. Personalmente me alegré mucho, ¿saben por qué? Porque cuando los muy católicos señores Calvino, Lutero, Simmons y compañía hicieron la Reforma, su movimiento recibió ese nombre precisamente porque la idea era que Roma se reformara; pero, lamentablemente, no se quiso reformar sino creó un esperpento que se llamó la "contrarreforma".

Es una noticia alentadora que, quinientos años después, Roma reconozca que los reformadores tenían toda la razón, porque nadie puede salvarse por obras, ni por méritos; sino que la salvación se obtiene únicamente, exclusivamente por la fe en nuestro Señor Jesucristo. Sin embargo, me ha parecido inconsistente y contradictorio que, después de firmar esa declaración que tanto nos alegró a los cristianos en general, la propia Roma declarara el 2000 como "año de jubileo", con emisión extra de indulgencias plenarias para todos los que visitaran los santuarios marianos, y otras religiosidades de parecida índole. Eso sí, como dicen los españoles en su refranero, es "borrar con el codo lo que se escribe con la mano".

Porque si alguien necesita penitencias, entonces no se salva por fe; si requiere indulgencias plenarias, está comprando su salvación; y, en consecuencia, ya no se salva –según él piensa– sino por su propio esfuerzo personal. Eso no es lo que enseña la Palabra de Dios, para que quede bien claro; sino, expresamente, por medio de la fe.

Desde los tiempos primitivos de la iglesia, el propio apóstol Pablo –en esta misma incomparable epístola a los romanos, que hay que releer con frecuencia–, nos recuerda que Abraham le creyó a Dios y que su fe le fue contada por justicia; no que el patriarca hizo méritos a través de buenas obras, sino que –simplemente– le creyó a Dios y fue automáticamente justificado. Y, como ratificación, añade Pablo que, por eso está escrito, "el justo por la fe vivirá". Las buenas obras son un resultado de la fe, pero no contribuyen a la salvación; hago buenas obras porque soy salvo, no para poder serlo.

Segundo nivel: la fe como don

Aquí entramos directamente al terreno de los carismas. El apóstol escribe a los corintios y les informa que el Espíritu Santo entrega soberanamente a los creyentes una donación de poder sobrenatural; y, a renglón seguido, transcribe la lista de los carismas, entre los cuales figura el "don de fe", una dotación para conseguir imposibles. Y, muchas veces, nosotros ni nos damos cuenta lo sencillo que es practicar la fe; por el contrario, nos parece que es un ejercicio muy difícil. Ello ocurre porque la mentalidad religiosa es un "disco duro" resistente y nos dice que nuestro esfuerzo personal hace las cosas. Pero no es verdad, si nos atenemos a una enseñanza directa de Jesús:

> Porque ustedes tienen tan poca fe —les respondió—. Les aseguro que si tienen fe tan pequeña como un grano de mostaza, podrán decirle a esta montaña: "Trasládate de aquí para allá", y se trasladará. Para ustedes nada será imposible.
> MATEO 17:20

Algunos imaginan que necesitan una montaña de fe para mover un grano de mostaza; suponen, erróneamente, que la fe de Moisés, de Eliseo, de Elías, o de Pablo eran enormes; pero Jesús dice que un grano de fe basta para realizar lo imposible. Cada uno de nosotros suele tener una montaña al frente, un obstáculo al parecer insalvable: hay montañas sentimentales, montañas de dinero, montañas de enferme- dad, etc. Todos enfrentamos alguna montaña; y, por eso, yo te pido que, ahora mismo, cierres tus ojos y pienses en la tuya. Tú sabes qué es: si es una enfermedad, un sentimien- to, un problema económico, sin importar lo que sea tu montaña, intenta una breve oración de poder para remover- la. Solamente piensa esto: para conseguir algo por medio de la fe, debemos acercarnos a Dios pensando dos cosas: Dios es y Dios puede. Eso dice la epístola a los Hebreos en forma muy precisa.

Pues bien, si tú crees que Dios es y Dios puede, utiliza ese pequeño grano de mostaza, y ora así: "Amado Padre Celestial, yo me acerco a ti creyendo que tú eres y que tú puedes todo. Tengo al frente esta montaña que no me deja caminar, que me obstaculiza, que me impide ser feliz y tener éxito. Tomo la autoridad entregada por tu hijo Jesucristo a todos los creyentes y, bajo el poder del Espíritu Santo, le hablo a mi montaña, y le digo: Quítate de enfrente, no me estorbes más, arrójate al mar, ahora mismo, para siempre, en el nombre de Jesucristo, amén".

Ese ejercicio, por sí solo, talvez no produzca un efecto inmediato. Dios me libre de inducirlos a un mecanicismo supersticioso y mágico, al estilo de la llamada "super fe", que está en boga entre evangélicos marginales. Y entonces, ¿para qué practicar tal oración? Para crear en nosotros mis- mos, al contactar al Padre Celestial, un ambiente psicológi- co adecuado hacia la solución del problema. Eso es legíti- mo; pero, además, no creas que el Padre se hará el sordo ante este tipo de oraciones, de las cuales están llenas las páginas de la Biblia. Solo pruébalo y pronto te sorprenderás –como a mí me ha ocurrido– del enorme poder que tiene una técnica así de simple.

Tercer nivel: la fe como fruto

Este es propiamente el tema que nos ocupa. En Gálatas 5:22, donde se registra la enumeración de las características del fruto espiritual encontramos, como ya lo hemos visto: amor, alegría, paz, paciencia, amabilidad, bondad y ahora sigue, cabalmente, fidelidad. La palabra que utiliza el griego del Nuevo Testamento en este caso es *Pistis*, muy rica en su significado; y, aunque, primariamente, se relaciona con la fe, el sentido que tiene en este contexto es, sin duda, el de " fidelidad". La palabra *pistis*" implica, más o menos: "Principio interior que me da seguridad en Dios, en lo que dice y en lo que hace". Es una certeza que yo tengo en mi caminar por la vida, sabiendo que Dios me protege todo el tiempo, que puedo confiar en él, que él es fiel conmigo; y, por lo tanto, yo seré fiel con él. Fidelidad es fe mutua.

La ecuación es: Fe+fidelidad=*Pistis*. La fidelidad muestra la fe; no hay fe sin fidelidad. Quienes no se han dado cuenta todavía a qué Dios adoran, en qué Dios creen, en cuál Dios depositan su *pistis*, en el Salmo 91 hallarán toda la fidelidad de Dios retratada. Después de enumerar las más evidentes bendiciones que se derivan de la fe: protección de trampas y plagas, terrores nocturnos, flechas y pestes, calamidades hogareñas, piedras del camino, leones y víboras, fieras y serpientes, la conclusión es terminante:

Yo lo libraré, porque él se acoge a mí; lo protegeré, porque reconoce mi nombre. Él me invocará, y yo le responderé; estaré con él en momentos de angustia; lo libraré y lo llenaré de honores. Lo colmaré con muchos años de vida y le haré gozar de mi *salvación.

SALMO 91:14–16

LA FIDELIDAD DE DIOS

Bien optimistas –como debe ser siempre– desarrollemos un nuevo acápite que versará sobre la fidelidad de Dios. Analizaremos el tema, como lo hemos venido haciendo, en las tres personas de la Santísima Trinidad.

La fidelidad del Padre

La Biblia está llena de relatos sobre la fidelidad de Dios. De hecho, todo el sagrado libro –de pasta a pasta, es decir, de Génesis a Apocalipsis– es un testimonio escrito de la fidelidad divina. Miremos, por ejemplo, lo que dice Pablo en una de sus cartas más reconocidas:

Fiel es Dios, quien los ha llamado a tener comunión con su Hijo Jesucristo, nuestro Señor.

1 CORINTIOS 1:9

Es tan obvio, cuando estamos hablando de Dios, decir que él es fiel. Si no fuera fiel no sería Dios, así de simple es el asunto. ¿Cómo no ha de tener fidelidad la Deidad? Absurdo que no la tuviera, si en la propia esencia de Dios está la fidelidad, El es Dios y por lo tanto es fiel. Es fiel por una sola razón: porque es Dios; y, siendo invariable, tiene que ser necesariamente fiel.

La fidelidad de Cristo

Este punto es verdaderamente para meditarlo. Jesús de Nazaret es el único ser humano que ha permanecido perfectamente fiel e invariable:

> Por eso era preciso que en todo se asemejara a sus hermanos, para ser un sumo sacerdote fiel y misericordioso al servicio de Dios, a fin de expiar los pecados del pueblo.
>
> HEBREOS 2:17

¿Qué dice? Sobre todo, ¿qué significa? Dice y significa que, para ser fiel con los hombres, se hizo un hombre. ¡Increíble! "Tengo que ser como ellos para poder ser fiel con ellos", pensó. Jesucristo es esencialmente fiel como Dios porque Dios es fiel; pero también es fiel como Hombre, ¿para qué? Para expiar nuestros pecados. Nuestra redención viene de la fidelidad de Jesucristo. Su fidelidad ha borrado mi culpabilidad. Por su bendita sangre fue expiada mi culpa, ya no debo nada, tengo seguridad eterna, gracias a su fidelidad de Hombre con el hombre.

La fidelidad del Espíritu Santo

En Gálatas 5:22, que es nuestra escritura marco, está bien claro que el Espíritu Santo es el que nos induce a practicar la fidelidad, el que nos hace dar fruto de fidelidad en nuestra conducta. Observemos bien: la fidelidad del Padre –fidelidad divina– se hace fidelidad humana perfecta a través del Hijo, para que el Espíritu Santo haga fructificar fidelidad a los creyentes. Dios mismo es nuestro ejemplo de fidelidad, y Jesucristo dijo: "Sed perfectos como vuestro Padre Celestial es perfecto"; como quien dice, se nos exige esforzarnos por alcanzar una fidelidad perfecta. El objetivo es perfección fiel.

CLAVES DE LA FIDELIDAD DIVINA

La fidelidad divina contiene unas claves maravillosas. Mirando de qué manera Dios es fiel, podemos desarrollar nuestra propia fidelidad. Intentemos un análisis necesariamente precario, pero, de todos modos, útil.

Fiel en su naturaleza

Si somos sabios y sensibles, esta declaración debería conmovernos hasta los cimientos mismos del corazón:

> Si somos infieles, él sigue siendo fiel, ya que no puede negarse a sí mismo.
> 2 TIMOTEO 2:13

¡Cosa extraordinaria! Nosotros somos infieles de mil maneras con Dios y con nuestros hermanos; lo somos de pensamiento, de palabra, de acción, de omisión. Nuestra vida está llena de infidelidades; pero, pese a todo, nuestro Señor siempre permanece fiel por una sola razón: porque Dios no cambia y, por lo tanto, no puede negarse a sí mismo. Y hay mucha gente errada cuando piensa que Dios se desdice, se rectifica, se traiciona a Sí Mismo. Cómo les convendría escuchar bien esta palabra: "siempre fiel".

El escritor, en forma clara, muestra aquí la fidelidad intrínseca del Señor. Si no fuera fiel, dejaría de ser Dios pues ya no sería fiel a Sí Mismo. Por lo tanto, podemos confiar en Él porque no cambia, porque lo que dice siempre es fiel. Dicho sencillamente: Dios es fiel por ser Dios. ¿Qué más explicaciones pueden darse?

Fiel en sus pactos.

Esto es algo que nos interesa muchísimo. Dios es fiel en sus pactos, siempre los va a cumplir al pie de la letra, no existe la menor posibilidad de que no se cumplan los contratos firmados por Dios de su puño y letra y con su huella digital al lado.

> Reconoce, por tanto, que el SEÑOR tu Dios es el Dios verdadero, el Dios fiel, que cumple su pacto generación tras generación.
> DEUTERNOMIO 7:9a

Un dato interesante: el pacto de Dios es hereditario, cubre a nuestra descendencia para siempre si creemos en él. Hizo un pacto con Noé y lo cumplió, hizo un pacto con Abraham y lo cumplió. Hizo un pacto con Israel y lo cumplió. Hizo un pacto con Moisés y lo cumplió. Hizo un pacto con David y lo cumplió. Esos pactos antiguos –noémico, abrahámico, hebraico, mosaico, davídico– son solo un anticipo del que ha hecho con nosotros y que llamamos Nuevo Pacto. Este es un pacto eterno, un pacto definitivo que nada ni nadie puede cambiar. Porque Dios es fiel, El lo cumplirá sin ninguna duda. Aún entre seres humanos falibles, las personas fieles suelen cumplir sus pactos. ¿No lo haría Dios?

Fiel en su amor

No necesitamos hojear la Biblia, pues allí mismo donde estamos, a renglón seguido, podemos leer algo concreto sobre el tema:

> Y muestra su fiel amor a quienes lo aman y obedecen sus mandamientos.
> DEUTERONOMIO 7:9b

Quienes lo aman y observan sus mandamientos reciben la prueba fehaciente de su fiel amor. Un Dios fiel que ama fielmente. La parte fácil es amar a Dios; la difícil, cumplir sus mandamientos. Hay que mejorar mucho en la obediencia, porque el pacto les será cumplido, en todas sus cláusulas, a los que lo aman y cumplen sus mandamientos. Ora conmigo brevemente: "Dios mío, gracias por tu fiel amor y tus bendiciones de generación en generación; y hoy te prometo obedecer tus mandamientos. Porque tú eres fiel conmigo, yo seré fiel contigo, amén".

Fiel en sus obras

La fidelidad de Dios es un tema inagotable. Regresemos por un momento al libro de los Salmos, fuente de inspiración de toda piedad genuina:

> La palabra del SEÑOR es justa; fieles son todas sus obras.
> SALMO 33:4

Cuando se habla de la fidelidad de las obras de Dios, algunos preguntan: ¿cuáles específicamente? Todas, el conjunto de la creación como su obra maestra, de la cual el ser humano es el broche de oro. Él es el Creador y todas sus obras son fieles. Deplorablemente, se está desarrollando en el mundo posmoderno una forma de autonomismo humanista; es decir, el hombre valiéndose de sí mismo y creyendo que él mismo es Dios. En años recientes, ante la decodificación del genoma humano, algunos científicos declararon que ahora lo único que falta es que se diga que definitivamente Dios no existe.

¡Qué insolencia! ¿Cómo no se dan cuenta, en su ceguera espiritual, que lo decodificado por ellos es algo que ya existía, algo que Alguien distinto y por encima de ellos mismos había creado. Acaso ¿crearon ellos el genoma? "Dice el necio en su corazón: no hay Dios". Es por corrupción moral que el hombre actúa así, como la vasija de barro creyendo que es el alfarero, el efecto considerando que es su propia causa, la criatura empinándose vanidosamente a la categoría de Creador. Esa línea de pensamiento fue, precisamente, el problema que causó la caída original. El pecado vino cuando el hombre compró entero el anuncio comercial satánico según el cual sería como Dios.

Fiel en su poder

Ya que estamos en los Salmos –donde es tan grato permanecer– nos ayudará mucho otra lectura de allí mismo:

> ¿Quién como tú, SEÑOR, Dios Todopoderoso,
> rodeado de poder y de fidelidad?
> SALMO 89:8

Las palabras sobresalientes son poder y fidelidad. Dios es fiel en su poder, poderoso en su fidelidad. Fidelidad y poder, al unísono, rodean el trono de la gloria de Dios. ¡Qué interesante! Entre seres humanos, generalmente los poderosos no son fieles. El poder del hombre –económico, militar, político, religioso– se asocia habitualmente a la infidelidad; es más, se conquista casi siempre a través de la infidelidad. Por contraste, el Todopoderoso es fiel. Dios es perfecto y, por eso, su poder es igual a su fidelidad. Su fidelidad es poderosa, su poder es fiel.

Fiel en sus promesas.

Esperanza y fidelidad son las dos columnas sobre las que descansa la promesa. Esperanza del que confía en lo prometido, fidelidad de quien prometió. Así, por lo menos, lo entiende la Biblia:

> Mantengamos firme la esperanza que profesamos, porque fiel es el que hizo la promesa.
> HEBREOS 10:23

Nunca debemos desmayar en la esperanza cristiana por una sola razón: el que nos hizo las promesas es fiel. Sus promesas siempre, mil veces siempre, se realizan. Él dijo: "Los cielos y la tierra pasarán mas mis palabras jamás pasarán". No existe la menor posibilidad de que Dios no cumpla sus promesas porque Él es fiel. ¡Y cuánta gente hay que no le cree! Cuando tú oras peleando con el Señor porque no te ha dado lo que quieres, ¿qué le estás diciendo? "Oye, Tú no eres fiel, yo no creo que me darás lo que me has prometido". Pero, claro, como Él es Papá, tolera que sus hijos le hagan "pataletas" de vez en cuando, y los perdona. Pese a ello, es mejor llegar ante su presencia confiando completamente en su fidelidad.

Fidelidad en el cielo.

La firmeza del amor de Dios va unida a la firmeza de su fidelidad. Él es amorosamente firme y firmemente amoroso, firmemente fiel y fielmente firme.

> Declararé que tu amor permanece firme para siempre, que has afirmado en el cielo tu fidelidad.
> SALMO 89:2.

Una fidelidad afirmada en el cielo, en su morada eterna, en luz inaccesible, allí donde nadie puede penetrar; no sobre terreno deleznable sino sobre una Roca que es Dios mismo. Dios es fiel en el cielo.

Fidelidad en la tierra

Se dice que Agustín de Hipona recitaba de memoria todos los días el Salmo 119, que versa sobre la Palabra de Dios y es el capítulo más extenso de la Biblia. Nos limitaremos, por ahora, a uno solo de sus versículos:

> Tu fidelidad permanece para siempre; estableciste la tierra, y quedó firme.
>
> SALMO 119:90

La fidelidad que se afirma en el cielo, en la morada del Dios Eterno, se extiende a todo el cosmos en expansión: a las galaxias, las nebulosas, las constelaciones, los sistemas planetarios, y llega, ¡asómbrate!, a este insignificante planeta donde vivimos los seres humanos hechos a Su imagen, conforme a Su semejanza. La fidelidad divina hace que la tierra permanezca firme. Dios es fiel en la tierra con idéntica fidelidad a la que tiene en el cielo Y, a todas éstas, ¿qué papel jugamos nosotros, los habitantes de este grano de arena en la inmensidad del desierto cósmico? Intentemos un análisis de tal asunto.

LA FIDELIDAD DEL CREYENTE

A propósito de la tierra, aterricemos. Un buen vehículo para hacer esa operación es la Biblia misma, un libro que se escribió para la tierra, pues en el cielo no necesitaremos Biblia.

> Pondré mis ojos en los fieles de la tierra, para
> que habiten conmigo; sólo estarán a mi servicio
> los de conducta intachable.
>
> SALMO 101:6

Pensemos esta escena: el Señor desde el cielo dirige sus ojos a la tierra sobre los fieles. Algo que debería hacernos temblar de pies a cabeza es que allí dice: "Sólo estarán a mi servicio los de conducta intachable". Querido, el día que usted sepa que la conducta de un siervo de Dios no es intachable, hágaselo saber. Cuando la Biblia dice "conducta intachable", no quiere significar perfección, no se refiere a alguien que nunca comete errores, porque entonces nadie en absoluto podría dedicarse al servicio de Dios. Está hablando propiamente de la moral y la ética que debe exhibir todo ministro de Dios. Se emplea aquí la palabra "fieles": y, ¿por qué será que a los miembros de las iglesias les dicen "los fieles"? Porque se supone que son fieles con Dios, y sobre ellos tiene puesto sus ojos el Todopoderoso. ¿Qué quiere decir feligresía? Conjunto de fieles. ¿Qué significa fieles? Seres que practican la fidelidad. Esta fidelidad de que se nos habla en la tierra, cubre todas nuestras relaciones interpersonales; no solo hemos de ser fieles en la verticalidad desde y hacia Dios, sino en la horizontalidad hacia nuestros hermanos, para que la cruz sea completa, con paral y travesaño.

Fidelidad en la alabanza.

La alabanza es, por sí misma, un acto de fidelidad a Dios. Dígalo, si no, el gran experto en el tema que es, obviamente, el rey y músico sagrado David:

> Quiero inclinarme hacia tu santo templo y alabar
> tu nombre por tu gran amor y fidelidad.
> SALMO 138:2a

El salmo nos entrega, con meridiana claridad, una clave maestra: La alabanza se halla asociada al amor y la fidelidad. Hay que alabar el nombre de Dios, ¿por qué? Por su amor y fidelidad. Alabar es un verbo que se conjuga con fidelidad y amor a Quien es digno de ser alabado. Hay allí una ecuación esplendorosa: Amor + fidelidad = alabanza. Por ejemplo, yo amo a mi esposa Esther Lucía; porque la amo, soy fiel con ella; y, como resultado de mi amor y mi fidelidad, todo el día estoy alabándola. (Francamente no me cuesta mucho trabajo hacerlo, porque ella es muy linda) Dejo constancia de que reconocer y elogiar la belleza femenina no es pecado; por el contrario, al referirse a la mujer virtuosa, Proverbios 31 dice que ella merece alabanza.

Fidelidad en el testimonio

La Biblia suele incluir conceptos interpuestos, contrapuestos y yuxtapuestos. Por ejemplo, el tantas veces mencionado rey David hace un asombroso juego de palabras con justicia, fidelidad, salvación, amor y verdad.

> No escondo tu justicia en mi corazón, sino que
> proclamo tu fidelidad y tu salvación. No oculto
> en la gran asamblea tu gran amor y tu verdad.
> SALMO 40:10

Hay algunos cristianos "James Bond", agentes 007 del Señor, empeñados en que nadie descubra que son creyentes para poder realizar bien sus labores de espionaje divino.

Satanás y sus detectives no los descubrirán. Sin embargo, el cristianismo no tiene servicio secreto, como el reino de tinieblas; por eso dice el salmo con toda claridad que nuestra obligación es hablar abiertamente del Señor, proclamar su fidelidad a voz en cuello para que todos se enteren que El es fiel. Señor, yo proclamaré tu fidelidad y tu salvación.

Fidelidad en diezmos y ofrendas

Ezequías fue un rey piadoso, que se empeñó en restablecer la pureza de la fe judía. Él emprendió reformas en el templo y reorganizó el culto, porque la religión original se había desdibujado, alejándose de la ortodoxia. Algo parecido se hace hoy al mezclar el cristianismo con otras cosas. ¡Tengan cuidado con eso! Muchos se están volviendo mestizos, mulatos, cuarterones y ochavones espirituales, carentes de nítida identidad. Algunos grupos están aceptando que les traigan de afuera implantes de silicona como para artificiales reinas de belleza. Eso es completamente inaceptable, hay que volver al esencialismo de la fe, como lo hiciera aquel monarca:

> Ezequías ordenó entonces que prepararan unos depósitos en el templo del SEÑOR, y así lo hicieron. Y todos llevaron fielmente las ofrendas, los diezmos y los dones consagrados.
> 2 CRÓNICAS 31:11,12a

El rey restableció con fidelidad los diezmos y las ofrendas en aquel tiempo, cuando el pueblo soportaba múltiples problemas por la sencilla razón de que el culto había olvidado varios tópicos, incluido el económico, indispensable para obtener las bendiciones divinas. Para una reorganización genuina de la nación, Ezequías razona correctamente: "La miseria económica se deriva de que hay miseria espiritual; debemos volver a lo que Dios nos enseñó para poder ser prosperados". Y, como Ezequías quería sinceramente que su pueblo tuviera una economía boyante, en orden y abundancia, les dijo a sus gobernados: "Lo primero que tienen que hacer es volver a diezmar".

Hay que acabar, de una vez por todas, con el complejo de inferioridad que algunos predicadores sienten cuando tocan este tema. ¿Cual es la razón? Por mi parte, no voy a mutilar la Palabra de Dios, porque amo mucho a mis hermanos y quiero sinceramente que sean prosperados; por lo demás, no puedo sacar ni una jota, ni una tilde, ni una coma de la Palabra de Dios, la cual dice escuetamente: "Dad y se os dará". Punto final. Es de común conocimiento que los hispanos y los afro–americanos que asisten a iglesias evangélicas en los Estados Unidos son, en general, reacios a la práctica del diezmo; y, simultáneamente, viven quejándose de la estrechez económica.

Ahora, si usted diezma o no diezma no es mi problema, es su dilema. En mis ya largos años de pastorado, nadie me ha visto nunca preguntándole a la gente si diezma o no diezma, jamás miro los registros contables de la iglesia ni permito que nadie me los muestre; pero tengo que dar la Palabra de Dios como es en su integridad. En el pasaje citado se habla de ser fieles en el diezmo, pues el rey Ezequías está interesado en que las bendiciones económicas regresen sobre su gente. Es un asunto clave, porque la fidelidad en los diezmos es la única garantía de la prosperidad. A eso no se le pueden dar vueltas. La fidelidad produce prosperidad.

Fidelidad a la Palabra

Tito es el obispo que Pablo ha dejado a cargo de las iglesias en la isla de Creta; a él, cabalmente, le envía en esta carta un manual de instrucciones. Allí podemos leer:

> Debe apegarse a la palabra fiel, según la enseñanza que recibió, de modo que también pueda exhortar a otros con la sana doctrina y refutar a los que se opongan.
>
> TITO 1:9

La mejor manera de mostrar nuestra fidelidad es siendo fieles a la inalterable Palabra del Señor. Nada más peligroso que la infidelidad a las Escrituras. Yo francamente sufro por tantas interpretaciones descabelladas que se ensayan por ahí, tanta enseñanza falsa que se recita y tanta profecía espuria que se proclama. Es realmente preocupante lo que está sucediendo hoy en día, en este aspecto –como en muchos otros– en grupos que se autodenominan cristianos. Nada más elemental que ser fieles a la Palabra de Dios porque la Palabra de Dios siempre es fiel con nosotros.

Fidelidad en la prueba

Debo confesar que no pertenezco a la "Disneylandia" cristiana, al "sueño americano" del evangelio. No estoy de acuerdo con la teología de la miseria pero tampoco me identifico con la teología de la prosperidad; estoy de acuerdo exclusivamente con la ética protestante del trabajo, según la cual, cuando usted cumple las normas bíblicas sobre la economía, Dios lo bendice.

Por cierto, en ninguna parte se lee en la Santa Palabra del Señor: "Ven a mí y tendrás casa, carro y beca y todos tus problemas se acabarán". Por el contrario, antes de su sacrificio por nosotros, Jesucristo dijo esta cosa tremenda: "En el mundo tendrán aflicción; pero confíen, yo he vencido al mundo". ¿Qué diferencia hay entre los no cristianos y nosotros? Una muy radical: ellos afrontan problemas al igual que nosotros; pero, ¡atención!, ellos no encuentran solución para sus problemas; nosotros, en cambio, poseemos la solución de todos los problemas que es Jesucristo. Y, en todo caso, tenemos perfectamente clara la utilidad de los problemas para el crecimiento personal.

> Si es la voluntad de Dios, es preferible sufrir por
> hacer el bien que por hacer el mal.
> 1 Pedro 3:17

Algunos son fieles cuando las cosas andan bien, pero su fidelidad se desvanece cuando llega un escollo. Comportamiento erróneo; pues, entre más infiel seas en la prueba, más pruebas tendrás, hasta que perfecciones tu fidelidad a través de la prueba. Duele reconocerlo, pero algunos traicionan a Dios en las pruebas. ¿Qué es, entonces, lo correcto? Cuando las pruebas vengan, hay que permanecer fieles a toda costa al Dios fiel. Excusada la redundancia, la prueba "prueba" la fidelidad.

Fidelidad en la tentación

Observen que no hemos dicho fiel "a" la tentación, sino fiel "en" la tentación. Una sola preposición puede arruinar el significado de una frase; y, por supuesto, el lenguaje bíblico es muy preciso:

> Ustedes no han sufrido ninguna tentación que
> no sea común al género humano. Pero Dios es

fiel, y no permitirá que ustedes sean tentados más allá de lo que puedan aguantar. Más bien, cuando llegue la tentación, él les dará también una salida a fin de que puedan resistir.

1 Corintios 10:13

Me encanta la forma directa como habla la Nueva Versión Internacional; prácticamente no necesita explicaciones de ninguna naturaleza. Ahora bien, todos muchas veces somos víctimas de la tentación; por eso, la Biblia no declara en ninguna parte "bienaventurado el que no es tentado", sino "bienaventurado el que vence la tentación". Jesús fue severamente tentado pero vivió enteramente sin pecado para servirnos de ejemplo; y, de hecho, nuestra vida diaria es un caminar al filo de la navaja; se corren muchos riesgos de pecar y de ellos no se escapa nadie, mucho menos los líderes religiosos quienes transitan todo el tiempo por un campo minado de bombas "quiebrapatas". ¡Hay que tener mucho cuidado! Todos seguimos teniendo naturaleza pecaminosa, eso que se llama carne.

Lo importante, en esos momentos peligrosos que todos pasamos, es no caer en infidelidad. Observemos bien cómo es el trabajo de Satanás: la tentación viene precisamente para hacernos caer en infidelidad, esa es exactamente la función que Satanás le ha dado a la tentación: que seamos infieles. Ello se da no solamente en el sexo, sino en muchísimas áreas de nuestra vida. La infidelidad a través de la tentación es cotidiana. Los cristianos debemos, más bien, aprovechar las tentaciones para afianzar nuestra fidelidad a Dios. Ciertamente, la tentación afianza la fidelidad.

Fidelidad de la ciudad

Hemos venido hablando de la fidelidad individual, ahora hablaremos de la fidelidad colectiva. La Biblia menciona mucho las ciudades, se interesa realmente por ellas; la razón es sencilla: en las ciudades vive la gente y la Biblia centra todo su interés, precisamente, en la gente, que es la que santifica o prostituye las ciudades.

> ¡Cómo se ha prostituido la ciudad fiel! Antes estaba llena de justicia. La rectitud moraba en ella, pero ahora sólo quedan asesinos.
> ISAÍAS 1:21

Cuando la Biblia dice "ciudad" usted debe entender, en un contexto amplio, nación o país. Cuando la situación es dificultosa, que no se vislumbra por ninguna parte el horizonte; cuando la esperanza tiende a marchitarse, hay una promesa de restauración en la Palabra de Dios:

> v. 26 Restauraré a tus jueces como al principio, y a tus consejeros como al comienzo. Entonces serás llamada "Ciudad de justicia", "Ciudad fiel".

Debo decir que esta palabra el Señor me la ha puesto muy fuerte para nuestros queridos y adoloridos países latinoamericanos. Recapitulemos ahora la fidelidad del creyente –que debe manifestarse en todo– a través de los aspectos más salientes en nuestra conducta diaria: en la alabanza, el testimonio, los diezmos y ofrendas, la Palabra, la prueba y la tentación, en el escenario de la ciudad.

Solamente para que se estremezcan un poquito, les voy a recordar quién es en las Sagradas Escrituras el prototipo de la infidelidad. A ver si el nombre les suena: Judas Iscariote. Dejémoslo allí, no creo que merezca mayores comentarios. A veces entendemos el concepto positivo mirándolo por el antagonismo del negativo. Si usted quiere saber cómo es una persona fiel, analice a Judas, que es exactamente lo contrario. Entonces querrá ser lo que Judas no es.

La fidelidad, fruto espiritual, proviene del propio corazón de Dios; y, pasando por el Hijo, a través del Espíritu Santo, llega a nosotros, con el fin de cubrir todas las áreas de nuestra vida: Fidelidad con Dios, fidelidad con los hermanos en la iglesia, fidelidad con nuestro cónyuge, fidelidad con nuestros padres e hijos, fidelidad en nuestro trabajo. Fidelidad de los obreros con los patronos y de los patronos con los obreros, fidelidad en el descanso. Fidelidad hacia la patria, fidelidad hacia la iglesia, fidelidad en la oración y fidelidad en la acción. La infidelidad siempre nace de la falta de identidad. Pero, si sabes que eres lo que realmente eres, entonces eres una persona fiel.

9. LA FUERZA DE LA HUMILDAD

Recompensa de la humildad y del temor del SEÑOR
son las riquezas, la honra y la vida.
PROVERBIOS 22:4

Algunas personas se inquietan porque –a través de los años, los decenios y aún los siglos– las versiones y revisiones bíblicas cambian unas palabras por otras en casos específicos. Sin embargo, debe tomarse en cuenta que las lenguas son organismos vivos que evolucionan; y, por eso, frecuentemente, el sentido de algunas palabras cambia debido al uso que el vulgo les da. Un ejemplo de ello puede hallarse en Gálatas 5:22: cuando Casiodoro de Reina editó la llamada "Biblia del oso" –según la copia facsimilar que tengo en mi poder–, tradujo: "El fruto del espíritu es caridad"; el texto original castellano no dice "amor", vocablo insertado en las revisiones del siglo XX. ¿Cuál es la razón?

Hace quinientos años "caridad" en castellano era la traducción literal del griego *agapao*, el bien llamado "amor en el espíritu", pero la palabra caridad fue cambiando de significado con el paso de los años en el entendimiento popular; y, aunque en el diccionario su sentido primario es el amor ágape, lo que significa en la realidad es algo así como "ayudar a la gente necesitada a través de limosnas".

En tales condiciones, fue necesario cambiarla por "amor".

Para seguir con los ejemplos, ¿qué más decía la famosa traducción de Reina en el mismo pasaje ya citado? "Tolerancia" en lugar de "paciencia", palabra esta última que fue oficialmente adoptada por una revisión de 1872. Así mismo, donde Casiodoro escribió originalmente "longanimidad", fue colocada la palabra "templanza" en la revisión de 1909. Y, por cierto, por esas calendas se mantuvo "caridad" y se cambió el uso de "longanimidad" por el de "templanza", pero la paciencia se siguió llamando tolerancia. Tardíamente, ya en 1966, se impuso "paciencia".

Recuerdo que en 1983, cuando yo me convertí al cristianismo, muchos pastores usaban todavía la versión Reina–Valera de 1909, en la cual uno leía cosas como "se halló que María estaba preñada por el Espíritu Santo"; el verbo preñar y sus derivados son vocablos castizos pero, entre latinoamericanos, se han plebeyizado de tal manera que ni siquiera es de buen gusto utilizarlos en el hablar cotidiano. A los hermanos evangélicos de todas las denominaciones yo les pediría, les solicitaría, les encarecería: No discutan por esos cambios, que no afectan en lo más mínimo la integridad de la Biblia. En materia de versiones, revisiones y traducciones, cambia el lenguaje pero no cambia el mensaje. Hoy hemos de entender lo que el Espíritu Santo quiere decirnos bajo nuestra mentalidad posmoderna. Por eso, hoy no decimos "mansedumbre" sino humildad como fruto del Espíritu.

ORGULLO Y AUTOESTIMA

El orgullo es propiamente la soberbia, un pecado capital; implica autosuficiencia y autoexaltación, consiste en no reconocer que el ser humano depende verticalmente de Dios y horizontalmente de los semejantes. El orgulloso razona: "Yo no dependo de Dios ni de los demás"; pero eso es absurdo porque la cruz es vertical en mi relación con Dios y horizontal en mi relación con mis semejantes, y en el cruce de los maderos está mi corazón; y, claro, dependemos los unos de los otros, y todos dependemos de Dios. Al despertar, todos los días, hágase usted mismo un inmenso favor, diciéndose: "Yo dependo de Dios y de los demás". Después, en sus devociones, no olvide repasar el libro de los Proverbios:

> Al fracaso lo precede la soberbia humana a los honores los precede la humildad.
> PROVERBIOS 18:12

En su inmenso amor, el Señor nos advierte en todos los tonos sobre los peligros del orgullo; y, entre otras cosas, recalca las consecuencias del primer pecado cósmico. Veamos:

El orgullo satánico

Algo que nunca debemos pasar por alto es que el orgullo no tuvo origen humano sino angélico; pues, como es bien claro, el primer pecador no fue el hombre, sino el más poderoso de los ángeles. Y, ¿por qué pecó? ¡Exactamente por orgullo! Su trasgresión consistió primordialmente en querer ser como Dios. Leamos una escritura pertinente, firmada por Isaías:

> ¡Cómo has caído del cielo, lucero de la mañana! Tú, que sometías a las naciones, has caído por tierra. Decías en tu corazón: «Subiré hasta los cielos. ¡Levantaré mi trono por encima de las estrellas de Dios! Gobernaré desde el extremo norte, en el monte de los dioses. Subiré a la cresta de las más altas nubes, seré semejante al Altísimo».
>
> Isaías 14:12–14

¡Ser semejante al Altísimo! Todo el que quiera, de alguna manera, hacerse como Dios, incurre en el pecado angélico, o pecado satánico. En el edén, esa misma criatura –que es la serpiente antigua– les dice a los primeros padres: "Por medio del conocimiento del bien y del mal serán como Dios"; hoy mismo, la llamada "nueva era", pseudo–religión que se ha formando como una colcha de retazos espirituales que cubre al mundo entero, le está ofreciendo a la gente: "Tú serás como Dios". Algunos de sus grupos han avanzado un poco más para afirmar: "Tú eres Dios, sólo que todavía no te has dado cuenta". La adoración del propio yo es el mito de Narciso.

La leyenda griega dice que Narciso era tan bello que se enamoró de sí mismo al contemplarse en las aguas de la fuente Castalia; y que, al rechazar el acoso de la diosa

Artemisa –que es Diana para los romanos–, ella lo maldijo y el apuesto joven quedó convertido en la flor que lleva su nombre, el narciso. Fue Sigmund Freud quien llamó "narcisismo", a la egolatría.

En días pasados transmitieron por la televisión una noticia triste sobre Mohamed Alí, es decir, Cassius Clay: sufre el mal de Parkinson. Recuerdo que en los tiempos en que él y yo éramos jóvenes, después de cada pelea ganada, este boxeador se levantaba sobre el ring y proclamaba, golpeándose el pecho con sus manos enguantadas: "Soy el más grande, soy el más bello, soy el mejor".

El propio libro de Proverbios afirma que el orgullo acarrea destrucción y fracaso. El orgulloso se cree más que los demás porque no se conoce a sí mismo, no examina la viga de su ojo, no se ve lo defectuoso y lo detestable que es. Vive proclamando sus virtudes, su belleza, su inteligencia, como Satanás; desea ocupar el puesto de su superior. La ambición de poder es característica del orgulloso. El primer orgulloso fue el primer pecador. El pecado proviene del orgullo.

El orgullo imperial

Ya vimos el orgullo en el mundo sobrenatural, ahora lo veremos en el mundo natural. Tomemos como ejemplo a un poderoso gobernante antiguo:

> En efecto, todo esto le sucedió al rey Nabucodonosor. Doce meses después, mientras daba un paseo por la terraza del palacio real de Babilonia, exclamó: «¡Miren la gran Babilonia que he construido como capital del reino! ¡La he construido con mi gran poder, para mi propia honra!»
> DANIEL 4:28–29.

Nabucodonosor es un rey tan poderoso que ciento vein-tisiete provincias y estados están bajo su cetro. Dios le había puesto a su lado a Daniel para que lo orientara espiritual-mente, pero él era en realidad un hombre orgulloso. Según su concepto personal, a Babilonia la había construido como capital del reino sin ayuda de Dios y, mucho menos, de los hombres, con su gran poder y para su propia honra. ¿Cuál es el resultado de tan arrogante actitud?

No había terminado de hablar cuando, desde el cielo, se escuchó una voz que decía:

> «Éste es el decreto en cuanto a ti, rey Nabuco-donosor. Tu autoridad real se te ha quitado. Serás apartado de la gente y vivirás entre los ani-males salvajes; comerás pasto como el ganado, y siete años transcurrirán hasta que reconozcas que el Altísimo es el soberano de todos los rei-nos del mundo, y que se los entrega a quien él quiere». Y al instante se cumplió lo anunciado a Nabucodonosor. Lo separaron de la gente, y comió pasto como el ganado. Su cuerpo se empa-pó con el rocío del cielo, y hasta el pelo y las uñas le crecieron como plumas y garras de águila.
> Daniel 4:31–33

Hay escritos babilonios, conservados en el actual Irak, en los cuales se afirma que un gran rey –obviamente Nabucodonosor– enloqueció y llegó a creerse un animal de cuatro patas, se fue al campo con las vacas y los caballos, actuando como uno de tales ejemplares zoológicos. ¿Por qué razón? Porque no reconoció que Dios era quien gober-naba a través de él. La autosuficiencia lleva al fracaso, la autoexaltación produce la caída. Cuando usted vea a una persona esponjarse sobre el pedestal del orgullo, póngale la firma: pronto se vendrá al suelo. Los campesinos, con mucha gracia, dicen: "El que sube como palma, cae como coco".

¿Cuál fue el remedio después de la caída para Nabucodonosor? El mismo que debe usarse para todos, porque nadie, absolutamente nadie, está exento de caer en pecadillos de orgullo personal. Tenemos la ocasión de hacerlo todos los días. ¡Y lo hacemos! ¿Cuál es, pues, la terapia para este mal? Simplemente humillarse ante Dios, porque él siempre exalta a los humildes. Sigamos con la historia bíblica:

> vv. 34,35 Pasado ese tiempo yo, Nabucodonosor, elevé los ojos al cielo, y recobré el juicio. Entonces alabé al Altísimo; honré y glorifiqué al que vive para siempre: Su dominio es eterno; su reino permanece para siempre. Ninguno de los pueblos de la tierra merece ser tomado en cuenta. Dios hace lo que quiere con los poderes celestiales y con los pueblos de la tierra. No hay quien se oponga a su poder ni quien le pida cuentas de sus actos.

La locura de Nabucodonosor cesó automáticamente cuando él levantó los ojos hacia Dios y alabó su Santo Nombre. ¿Qué más sucedió como resultado de la humillación del monarca?

> v. 36 Recobré el juicio, y al momento me fueron devueltos la honra, el esplendor y la gloria de mi

reino. Mis consejeros y cortesanos vinieron a buscarme, y me fue devuelto el trono. ¡Llegué a ser más poderoso que antes!

La exaltación produce humillación, la humillación produce exaltación. Para demostrarlo, bastan dos ejemplos: uno angélico, que es Satanás en persona; y el otro humano, en el caso de Nabucodonosor.

La autoestima

"Auto" significa "por sí mismo"; en consecuencia, autoestima quiere decir que yo me estimo a mí mismo; es decir, la popular expresión anglosajona *self love*. Isaías nos ofrece motivos para ello:

> A cambio de ti entregaré hombres; ¡a cambio de tu vida entregaré pueblos! Porque te amo y eres ante mis ojos precioso y digno de honra.
> Isaías 43:4

Pese a lo que aquí nos dice el Señor a sus hijos, muchos de nosotros nos auto–menospreciamos, sufrimos complejos de inferioridad. Valdría la pena preguntarse: ¿qué padre no ama a sus hijos y no los considera dignos de honra? Si somos hijos de Dios, esta es una promesa para nosotros. Yo me estremezco al pensar que soy precioso y digno de alabanza para mi Padre celestial, porque El me ama. A veces confundimos orgullo con autoestima; y, precisamente, allí comienzan los problemas en la psicología colectiva del pueblo evangélico latinoamericano.

Para muchos predicadores, si usted se autoestima es un orgulloso. Sin embargo, el Señor quiere que usted se ame a sí mismo puesto que le ordena: "Ame a su prójimo como se ama a sí mismo" Lógicamente, si usted se menosprecia, ¿qué amor le dará entonces a su prójimo? Autoestima es un tema de urgencia en los púlpitos.

Todos somos iguales

Job era un hombre realmente humilde, según lo demuestra a cada paso en el penoso desarrollo de su tragedia personal; sin embargo, él se autoestima, como debe ser.

> Yo tengo tanto conocimiento como ustedes; en
> nada siento que me aventajen.
> JOB 13:2

Cuando este patriarca afirmó tal cosa, se encontraba –dicho en términos coloquiales– "en el fondo de la olla". ¿Se acuerdan bien? Pierde sus enormes riquezas, su mujer lo abandona, sus hijos mueren, es despojado de la importancia social que tenía, derribado de su posición, y, para completar, está gravemente enfermo. Sin embargo, no pierde su autoestima. No es un hombre orgulloso, pero no se menosprecia a sí mismo. Su razonamiento es válido: "Yo no soy menos que nadie".

Francis Fukuyama, el autor de la famosa obra "El fin de la historia", afirma que hay una conexión directa entre democracia estable y cristianismo en el mundo de hoy. Alfonso López Michelsen escribió hace algunos años su célebre ensayo "La estirpe calvinista de nuestras instituciones". ¿Qué significan las dos cosas? Que Juan Calvino es el creador de la democracia. Este gran reformador, quien fuera gobernador de Ginebra, transmitió una serie de ideas que acabaron por exterminar al feudalismo.

¿Cuál fue el redescubrimiento de Calvino? Uno bien simple y esencialista: "Si todos somos iguales ante Dios, lógicamente somos iguales ante el estado". Por eso –dice López– "la democracia es la versión laica del protestantismo". He mencionado el tema, para que tengamos también un poquito de autoestima como iglesia; pues, a veces, se deprime uno de ver a los evangélicos con unos complejos terribles de inferioridad, juzgándose como minoría perseguida. Algunos creen que están en las catacumbas esperando que vengan centuriones y legionarios para llevarlos al circo, como en la época de los gladiadores. Ya es hora de desechar ese complejo como de minoría racial. Somos iguales ante Dios e iguales ante el estado, como personas y como iglesias.

La autoestima de Pablo

Pablo de Tarso llegó –digamos así– un poco "retrasado" al evangelio. El Señor mismo le hace una "emboscada" en el camino de Damasco; y, acto seguido, le da las instrucciones de lo que tiene que hacer. Por supuesto, algunos miembros activos del grupo original de Jesús lo combatieron o lo confrontaron. Particularmente con Pedro tuvo tremendas discusiones. Y, según se dice, algunos discípulos directos de los apóstoles originales de Jesucristo, iban a las ciudades a donde Pablo había estado a demeritarlo, a mermarlo en su evidente importancia, a tratar de impugnar sus enseñanzas. Eso lo hicieron, por ejemplo, en Corinto. Y, entonces, ¿qué actitud asume Pablo?

> Me he portado como un insensato, pero ustedes me han obligado a ello. Ustedes debían haberme elogiado, pues de ningún modo soy inferior a los «superapóstoles», aunque yo no soy nada.
> 2 Corintios 12:11

Cualquiera pensaría ligeramente: "Esta es una declaración orgullosa"; pero no, es una declaración de autoestima personal. ¿Qué es lo que está diciendo el gran Pablo? Simplemente pregunta: ¿Por qué me descalifican? Allí en Corinto quedó demostrado que él es un verdadero apóstol; ahora, no obstante, lo critican mientras está ausente, y aquí asume en forma natural su defensa. Con un poco de ironía llama "superapóstoles" a los que le antecedieron; pero muchos –entre ellos yo mismo– piensan que si a alguien se le pudiera calificar de "superapóstol" con toda justicia sería precisamente a San Pablo. Históricamente, siempre que surge un ministerio paulino sucede lo mismo.

No aceptar el menosprecio

En una carta que envía el propio Pablo al obispo de Creta, que es Tito, le dice algo muy claro y terminante sobre el ejercicio de la autoridad espiritual en el seno de una iglesia:

> Esto es lo que debes enseñar. Exhorta y reprende
> con toda autoridad. Que nadie te menosprecie.
> TITO 2:15

En la vida de una congregación –uno lo ve todos los días– es preciso que el pastor tenga que hablar con autoridad y energía, a veces con dureza –si es necesario– para que la gente entienda o para que corrija el rumbo. Aquí San Pablo dice: Oye, Tito, amárrate los pantalones, habla sin miedo, que no te tiemblen las corvas; y no permitas nunca, por ningún motivo, que la gente te vaya a menospreciar.

Hasta aquí tenemos algunas cosas claras: En primer lugar, el orgullo de Satanás en el mundo espiritual, que origina el pecado; Nabucodonosor como ejemplo terrenal de orgullo humano, que cae de su reino estrepitosamente, y se levanta de nuevo y más arriba después de un acto de sincera humillación ante el Señor; la autoestima propia de los hijos de Dios; la autoestima de Pablo en medio de la prueba; la autoestima que debe poseer Tito como dirigente de la iglesia.

LA AUTOIMAGEN

Digamos ahora –examinándolo todo y reteniendo lo bueno– que el doctor Sigmund Freud no sólo aportó a la cultura humana su análisis erótico que contiene tantos desaciertos, sino que puso a pensar a la propia iglesia cristiana en algunas áreas generalmente excluidas de su trabajo. Por ejemplo, él habló de la autoestima aunque la llamó "autoimagen". Se refirió a este punto, sobre todo en un polémico ensayo cuyo título original era "De Moisés al Monoteísmo".

Dios les dijo a los israelitas: "Ustedes son mi pueblo elegido" y ellos se creyeron el cuento, según Freud; y, por eso, es evidente que el pueblo judío está dotado de una autoestima muy elevada, que no mengua a pesar de las persecuciones: guetos, inquisiciones, progromos, holocaustos, etc. Hace cuatro mil años empieza su historia y esa nación no ha perdido su identidad, conserva su religión y su idioma y todos los elementos básicos de su personalidad colectiva. ¿Por qué? "Por autoimagen", afirma de modo tajante Freud.

Los actuales israelíes provienen de todos los países de la tierra, donde permanecieron esparcidos por dos mil años y nunca se desdibujaron. Otras naciones a través de la historia se asimilan, se pierden y se refunden en cada país a donde llegan. ¡Los judíos nunca! De hecho, si son latinoamericanos o norteamericanos, siguen siendo judíos y tienen automática doble nacionalidad con Israel. Caso único, por autoestima. Y, sin embargo, nosotros –que somos el Israel del Nuevo Testamento, la iglesia de Jesucristo, el pueblo del Señor en estos tiempos– no tenemos autoimagen porque no tenemos identidad. No hemos comprendido que somos hijos de Dios, que nuestro Padre nos ama y nos considera dignos de honra para él.

Dígase usted a sí mismo de vez en cuando: "Soy hijo de Dios y valgo mucho para mi Padre". Algunos menean la cabeza y exclaman: ¡Qué locura! ¿Cuánto valgo yo para Dios? Solo soy un ser despreciable; incluso se apoyan en el propio Pablo puesto que él dice: "aunque yo no soy nada", pero olvidan deliberadamente el adverbio "aunque". Está bien que tú seas consciente de tu poco valor real, intrínseco; pero, de ningún modo, debes olvidar que no es por ese valor, sino por la forma generosa como el Padre te valoró, por el precio incalculable que pagó para salvar tu alma. ¿Sabes cuál fue ese precio? La vida del Cordero. Tú vales para Dios, gota a gota, la sangre de su Hijo unigénito.

LA FALSA HUMILDAD

Conviene analizar lo que no es humildad, porque tenemos enseñanzas muy equivocadas y variadas caricaturas de esta gran virtud. Veamos.

No es religiosidad

Las parábolas de Jesús contienen ilustraciones para todo. Sobre la falsa humildad, la más representativa es precisamente la que Lucas ha narrado con su inigualable estilo:

A algunos que, confiando en sí mismos, se creían justos y que despreciaban a los demás, Jesús les contó esta parábola: «Dos hombres subieron al templo a orar; uno era fariseo, y el otro, recaudador de impuestos.
Lucas 18:9–10.

(Un simpático adolescente me dijo un día: "Pastor, me gusta que la Nueva Versión Internacional de las Sagradas Escrituras le aclara a uno qué significa eso de "publicano"; porque yo me imaginaba algo así como el dueño de una agencia de publicidad")

v. 11–12 El fariseo se puso a orar consigo mismo: "Oh Dios, te doy gracias porque no soy como otros hombres —ladrones, malhechores, adúlteros— ni mucho menos como ese recaudador de impuestos. Ayuno dos veces a la semana y doy la décima parte de todo lo que recibo."

Qué buena persona este fariseo, mire lo religioso que es: ayuna dos veces –no solo una– a la semana y entrega el diezmo de todo lo que gana. Bueno, un tipo realmente anti–humilde este fariseo religioso. ¿Qué hacía, en cambio, el recaudador de impuestos?

v. 3 En cambio, el recaudador de impuestos, que se había quedado a cierta distancia, ni siquiera se atrevía a alzar la vista al cielo, sino que se golpeaba el pecho y decía: "¡Oh Dios, ten compasión de mí, que soy pecador!"

Y, a todas estas, ¿cuál es la opinión de Jesucristo sobre las actitudes contrastantes de estos dos hombres, tan distintos en sus profesiones y en sus actitudes religiosas?

> v. 14 Les digo que éste, y no aquél, volvió a su casa justificado ante Dios. Pues todo el que a sí mismo se enaltece será humillado, y el que se humilla será enaltecido.

No me aguanto las ganas de contarles una anécdota: Mi antepasado español llegó de la provincia de Aragón en calidad de notario para una región surcolombiana y se llamaba José Antonio de Silva y Ponce de León. Compró una pequeña franja de tierra y se dedicó a molestar a los vecinos para que le fueran vendiendo los alrededores. Se aprovechó de su posición y de ser español, y fue metódicamente hostigando a los pequeños propietarios, quienes le iban cediendo las tierras por precios irrisorios. Llegó un día en que desde un municipio hasta otro toda la comarca era suya, menos una angosta franja de terreno, y el hombre vivía fastidiadísimo porque el dueño de esa parcela no se la vendía. Finalmente, a base de presiones, el buen peninsular logró que le vendieran la ínfima propiedad.

Un día, muy seguro de sí mismo, don José Antonio llegó a caballo desde su hacienda hasta la iglesia del pueblo; se apeó de la bestia en el atrio y, con la brida en su mano, llegó a la puerta del templo, donde el cura estaba celebrando la misa dominical; se santiguó aparatosamente y dijo en voz alta: "Gracias te doy, Dios mío, por no haber tenido que pisar tierra ajena para venir a saludarte". (Decodificando mi genoma humano, es mucha gracia que yo me haya criado con semejantes antecedentes) La religión es lo contrario de la humildad, en muchos casos; los fariseos eran religiosos, los fanáticos son religiosos; pero el cristianismo no es una religión sino un *life style,* una manera de ser y de vivir

No es fingimiento.

Colosenses es una gran epístola, en la cual san Pablo habla, entre otras cosas, de las prohibiciones que le hacen a la gente en algunas iglesias, y dice, por ejemplo:

> No dejen que les prive de esta realidad ninguno de esos que se ufanan en fingir humildad y adoración de ángeles. Los tales hacen alarde de lo que no han visto; y, envanecidos por su razonamiento humano.
>
> COLOCENSES 2:18

He aquí dos perversiones tremendas: idolatría por los ángeles y humildad fingida. Me suena irónico que el texto diga: "se ufanan en fingir humildad". Realmente fingir humildad es orgullo. Las personas a las que alude Pablo se creen mucho más de lo que son, se perciben mejores que los demás y, por eso, ostentan una humildad que en realidad no tienen; eso es solamente orgullo espiritual, como si dijeran: "Yo soy tan humilde que me siento orgulloso de lo humilde que soy". ¿Qué es lo que hacen esos tipos?

> v. 16 Así que nadie los juzgue a ustedes por lo que comen o beben, o con respecto a días de fiesta religiosa, de luna nueva o de reposo.

Queda claro que la falsa humildad está ligada con el legalismo. Esos que son falsamente humildes quieren que los demás sean humildemente falsos; por ejemplo, que la mujer se esfuerce por parecer fea sin ser fea, que el hombre se vista como desarrapado sin ser sin ser desarrapado, y cosas así. Sin embargo,

> vv. 20–23 Si con Cristo ustedes ya han muerto a los principios de este mundo, ¿por qué, como si todavía pertenecieran al mundo, se someten a preceptos tales como: «No tomes en tus manos, no pruebes, no toques»? Estos preceptos, basados en reglas y enseñanzas humanas, se refieren a cosas que van a desaparecer con el uso. Tienen sin duda apariencia de sabiduría, con su afectada piedad, falsa humildad y severo trato del cuerpo, pero de nada sirven frente a los apetitos de la naturaleza pecaminosa.

Subrayemos las palabras tan fuertes y precisas del apóstol: "Apariencia de sabiduría", solo apariencia, no sabiduría de fondo. Afectada piedad", no piedad auténtica. "Falsa humildad", no real humildad. Ahí los tienen de cuerpo entero. Pero la humildad no es hipocresía.

No es cobardía

Muchas personas suelen confundir los términos hasta extremos calamitosos; por ejemplo, se ha vuelto usual pretender que ser humilde lo lleva a uno a ser cobarde. Sin embargo, por el contrario, cobardía es un concepto totalmente ajeno a la humildad.

> En ese momento se acercaron a Jesús unos fariseos y le dijeron:

–Sal de aquí y vete a otro lugar, porque Herodes quiere matarte.

Él les contestó:

–Vayan y díganle a ese zorro: "Mira, hoy y mañana seguiré expulsando demonios y sanando a la gente, y al tercer día terminaré lo que debo hacer."

LUCAS 13:31,32

Esta es una escena importante, porque algunos pensarían: qué falta de humildad mandarle a decir "zorro" al rey. El recadito de Jesús no está dirigido a una persona cualquiera sino a un monarca muy importante y, además, perverso. No tiembla Jesús para decirle –o mandarle a decir– la verdad, sin pelos en la lengua. Hay personajes que ejercen autoridad, hacen y deshacen como le da la gana, y nadie nunca los enfrenta ni les dice lo que se merecen. Y, por eso, cada día siguen haciendo y deshaciendo como les dicta su real capricho.

Humildad no es complicidad. Si usted ve a alguien poderoso hacer lo malo y, por temor o por falsa humildad, no habla con él francamente, se convierte en su cómplice. Tenemos, entonces, claros tres puntos acerca de la falsa humildad, sobre lo que no es humildad auténtica:

- Primero, no es religiosidad.
- Segundo, no es fingimiento.
- Tercero, no es cobardía.

LA VERDADERA HUMILDAD

Entremos, pues, en materia. No hay mejor manera de hacerlo que a través de una enseñanza clave del propio Jesucristo, quien se halla –por así decirlo– fuera de concurso en esta materia.

> Carguen con mi yugo y aprendan de mí, pues yo
> soy apacible y humilde de corazón, y encontra-
> rán descanso para su alma.
> MATEO 11:29

La poderosa lección es: nuestra alma obtiene descanso, es decir, descansamos psicológicamente a través de la humildad. La humildad es reposo para el alma, dice por experiencia propia Aquel que es apacible y humilde. Ser apacible significa no cazar pleitos, no buscar peleas, no enredarse en problemas sin necesidad. Y ser humilde, ¿en qué consiste? La respuesta simple y esencialista es: en ser como Jesús, el mejor ejemplo de humildad que se conoce. Por supuesto, el marco teórico sobre el fruto espiritual es Gálatas 5:22, donde se enumera, como ya lo hemos visto: Amor, alegría, paz, paciencia, amabilidad, bondad, fidelidad; y, ahora mismo, humildad.

No encontramos "humildad" como fruto espiritual en las antiguas versiones bíblicas, que prefieren "mansedumbre". La palabra griega que utiliza san Pablo es *Praotes*, que significa, más o menos, "un carácter sereno, manso, complaciente y sin altanería". Está bien traducido como "humildad", virtud de la cual la mansedumbre es solo una faceta. Analicemos ahora la cara positiva, lo que sí es la humildad.

Es contentamiento

Hay una escritura bastante conocida y poco, muy poco practicada. De hecho, los evangélicos la saben de memoria, muchos solo como cotorras:

Sé lo que es vivir en la pobreza, y lo que es vivir en la abundancia. He aprendido a vivir en todas y cada una de las circunstancias, tanto a quedar saciado como a pasar hambre, a tener de sobra como a sufrir escasez. Todo lo puedo en Cristo que me fortalece.

Filipenses 4:12-13

El apóstol, que es realmente un hombre humilde, nos da una lección valiosísima sobre el contentamiento, secreto clave de la vida cristiana. ¿En qué consiste? En que uno muestra un espíritu humilde de dos maneras: Si pasa por pobreza, no reniega; si posee riqueza, no se envanece. Y uno está contento todo el tiempo: contento si tiene y contento si no tiene. Eso se llama, cabalmente, contentamiento. Obsérvese que Pablo está conforme con plata y sin plata, con comida y sin comida, con vestuario y sin vestuario; ni la falta ni la abundancia de riquezas y bienes afectan su carácter. La Biblia enseña, pues, que uno tiene que ser siempre el mismo en estrechez y en abundancia. La humildad es invariable.

Es servicio a Dios

El apóstol Pablo nos enseña, en su propia experiencia personal, que no hay un trabajo que requiera más humildad que el de servirle a Dios. Entre los judíos, los rabinos han usado siempre la *Kipá*, ese gorrito que se coloca sobre la cabeza, y los ortodoxos la lucen todo el día en todas sus actividades. ¿Eso qué es? ¿Acaso un capricho cultural, o algún invento de una sinagoga antigua perpetuado en el tiempo? No, tiene un significado profundo: es para que recuerdes que siempre hay alguien encima de ti. Qué bella lección nos dan quienes usan la *kipá*: que no olvidemos que

Dios permanece sobre nosotros todo el tiempo; y, por lo tanto, nuestra cabeza no es lo que está más arriba de nuestro propio ser.

En el servicio a Dios uno tiene que ser, ante todo, muy humilde, aprender a que lo humillen sin protestar. ¿Qué significa siervo? Coime, o subalterno. En los cenáculos –especie de restaurantes de los semitas– había un sirviente encargado de lavarles los pies a los que entraban a comer. En la última cena, Jesús reemplazó a ese criado; se quitó el manto que significa majestad, se ciñó la toalla que significa servicio, y se encorvó para lavarles los pies a unos rústicos pescadores del lago de Galilea. ¿Lo puedes entender? ¡Jesús sirviente! Hoy escasean los imitadores de Cristo entre quienes pretenden servirle. Todos quieren que les laven los pies, no lavar ellos los de sus hermanos. Y, si las cosas siguen como van, pronto el Señor colocará avisos clasificados en todos los medios impresos, radiales y televisivos, e incluso Internet, con esta leyenda: "Necesito con urgencia lavadores de pies en la iglesia".

Es tolerancia

Tolerar no es aceptar. Dentro de una democracia madura, como la de los Estados Unidos, se tolera, por ejemplo, el ateismo de algunas personas, pero no se les permite que lo impongan al resto de la población. En la iglesia, la tolerancia es básica, si queremos guardar armonía entre hermanos:

> Siempre humildes y amables, pacientes, tolerantes unos con otros en amor.
> EFESIOS 4:2

Ser tolerante es ser amable, paciente y amoroso; y todo eso es ser humilde. Dicho de otra manera, el que es tolerante, amable, paciente y amoroso, sencillamente es humilde. El mundo de hoy ha rebasado los límites de la intolerancia; prácticamente nadie soporta a nadie. El pasado fue el siglo de la intolerancia; y el actual, recibe coletazos de esa nociva tendencia. Se observa intolerancia entre los cónyuges, intolerancia entre padres e hijos, intolerancia entre patronos y trabajadores.

Hay, también, un fenómeno similar en el seno del cristianismo: no se toleran unas iglesias a otras, no se toleran unos pastores a otros, y no se toleran los hermanos unos a otros. Nos hallamos lejos, pero muy lejos del concepto bíblico de humildad. Estamos caricaturizando la humildad, todos la fingimos pero no la practicamos, porque humildad es tolerancia.

La ecuación paulina sería:

Tolerancia + amabilidad + paciencia + amor = HUMILDAD.

Es ceder los derechos

Vivimos la edad del egoísmo, nadie quiere ceder sus derechos, todos se consideran superiores al resto de la humanidad, cada uno pretende ser el señor de su prójimo. Nadie escucha la vieja voz bíbica:

> No hagan nada por egoísmo o vanidad; más bien, con humildad consideren a los demás como superiores a ustedes mismos.
> FILIPENSES 2:3

Ahí no dice: Considérese superior a los demás, porque eso sería menospreciarlos; dice: Considere a los demás como superiores a usted mismo. No hay diferencia entre lo que es la autoestima y lo que aquí nos aconseja el apóstol. Pensar que el otro es superior a mí, tratarlo como si lo fuera, aunque todos somos iguales, no es menosprecio personal. Yo debo ceder mis derechos ante el otro, creer que él merece más que yo.

Hay una tremenda discusión entre la ONU y la Biblia, porque la ONU no es una entidad espiritual sino política; y, por supuesto, pluralista. Y está bien que así sea. La diferencia radical se encuentra en que la ONU se guía por una Declaración Universal de los Derechos Humanos, pero la Biblia es la Declaración Universal de los Deberes Humanos. Algunos invocan la Biblia para exigir sus derechos, pero el Sagrado Libro no enumera derechos sino establece deberes. Y, ¿cuál es la idea? Que si usted cumple sus deberes, Dios le garantiza sus derechos. Así de sencillas son las cosas.

En la Biblia no hay montadas unas "onegés" para ir a donde el Señor a reclamarle cosas. Y que conste: no tengo nada contra las ONG; hay algunas muy útiles como canales de expresión de las comunidades, para que sean oídos sus reclamos. Pero con el Señor las cosas no son así, sino que usted cumple su deber y automáticamente recibe su derecho.

Es justa medida

Lo que sí es la humildad está perfectamente delineado en las Sagradas Escrituras. A todos los textos citados anteriormente, debe sumarse uno que resume el concepto de autoestima y humildad:

> Por la gracia que se me ha dado, les digo a todos ustedes: Nadie tenga un concepto de sí más alto que el que debe tener, sino más bien piense de sí mismo con moderación, según la medida de fe que Dios le haya dado.
>
> ROMANOS 12:3

¿Qué es lo que dice San Pablo? "No te creas más de lo que eres"; pero no dice: créete menos de lo que eres, sino aplícate una justa medida. Ya hemos recordado que dijo también: "Nadie te menosprecie". Menospreciar es bajar el precio, supervalorar es subir el precio. Ninguna de las dos cosas es correcta: solamente valorarnos con equidad. Ni más alto ni más bajo. Un gran místico medieval holandés, Thomas de Kempis, en su libro "Imitación de Jesucristo",nos dejó esta perla esencialista:

No soy más por que me elogien
ni menos porque me vituperen.
Lo que soy, eso soy

Justa medida. Hace algunos años a un amigo mío que fue Presidente de la República lo atacaron muy fuerte e injustamente; y, cuando uno de sus ministros le dijo: –Presidente, ¿qué hacemos con este problema?, él respondió pausadamente: –Los cargos no son graves sino cuando son ciertos. En el ministerio cristiano he sido atacado incluso con calumnias, pero yo se lo que soy, Dios sabe lo que soy. Y gracias al Señor por lo que soy.

Cristo es el ejemplo de humildad, Satanás el ejemplo de orgullo. ¿Cuál es el resultado de la humildad y cuál el del orgullo? ¿Dónde está el orgulloso? En el infierno. ¿Dónde está el humilde? En el cielo, a la diestra de su Padre y desde allí volverá a juzgarnos a todos. Y para que aprendamos cómo lidiar con este asunto, vamos de nuevo a la Biblia:

La actitud de ustedes debe ser como la de Cristo Jesús, quien, siendo por naturaleza Dios, no consideró el ser igual a Dios como algo a qué

aferrarse. Por el contrario, se rebajó voluntariamente, tomando la naturaleza de siervo y
haciéndose semejante a los seres humanos. Y al
manifestarse como hombre, se humilló a sí
mismo y se hizo obediente hasta la muerte, ¡y
muerte de cruz! Por eso Dios lo exaltó hasta lo
sumo y le otorgó el nombre que está sobre todo
nombre, para que ante el nombre de Jesús se
doble toda rodilla en el cielo y en la tierra y
debajo de la tierra, y toda lengua confiese que
Jesucristo es el Señor, para gloria de Dios Padre.
FILIPENSES 2: 5–11

10. LA VOZ DEL DOMINIO PROPIO

Pues Dios no nos ha dado un espíritu de timidez,
sino de poder, de amor y de dominio propio.
2 TIMOTEO 1:7

Hay cuatro elementos bien definidos en esta cita bíblica: uno negativo y tres positivos. El negativo es timidez; claramente eso es lo que Dios "no" nos ha dado a sus hijos. Luego vienen los tres positivos: primero poder, después amor y, por último, dominio propio. Un trípode formidable sobre el cual debe descansar el carácter de un hijo de Dios: Poder, amor y dominio propio. Y, fíjense bien, eso es lo que "sí" nos ha dado Dios. Las versiones tradicionales, en vez de timidez dicen "cobardía"; no está mal traducido, pero es más aproximado al texto griego "timidez" que cobardía.

En 1999 se puso en circulación la Nueva Versión Internacional de la Biblia, que provocó variadas reacciones; se ha realizado, desde entonces, un metódico esfuerzo por responder a inquietudes válidas y ataques sin fundamento; sorprende que, seis años después, todavía haya evangélicos enredados en las mismas discusiones. He sostenido que hay que cristianizar el modernismo sin modernizar el cristianismo; y se equivocan quienes piensan que se está modernizando el cristianismo con una nueva versión de las Sagradas Escrituras. En realidad, lo que se está modernizando es el lenguaje, el cristianismo permanece inalterable.

Sencillamente dicho, la gente de hoy en los países de habla hispana no habla como hablaban los iberoamericanos de principios del siglo XX ni como lo hacían los castellanos de hace quinientos años. No hay que confundir "modernizar el lenguaje" con "modernizar el cristianismo". Hemos dicho hasta el cansancio que no hay una cultura cristiana, sino una doctrina cristiana para todas las culturas. La ortodoxia cristiana nunca cambia, es lo que hemos creído todos en todo lugar y en todo tiempo; pero Jesús no enseñó métodos sino doctrinas; y, claro está, los métodos de enseñar las doctrinas cambian constantemente.

Los latinoamericanos, como buenos herederos de los españoles, somos tradicionalistas; en sociedades más dinámicas para el cambio –como la de los Estados Unidos– se emplean siete u ocho versiones de las Sagradas Escrituras. Los estructuralistas, que trabajaron con el lenguaje, nos enseñaron algo importante: las palabras no son lo que significan en sí mismas sino lo que le dicen a la mente y el corazón de las personas. Y por eso, en cosas tan delicadas como nuestra salvación y nuestro entendimiento del misterio de Dios, es necesario que no haya confusiones en el lenguaje.

En ese orden de ideas, la Sociedad Bíblica Internacional hizo un esfuerzo, liderado por el doctor Luciano Jaramillo, durante alrededor de diez años, con veinte sabios evangélicos, todos pertenecientes a iglesias raizales, quienes tradujeron las Sagradas Escrituras al lenguaje de la sociedad latinoamericana. Gracias a Dios, hoy contamos con una Biblia clara, para no tener que estar dando tantas explicaciones de qué significa, por ejemplo, un bendito arcaísmo.

Cuando Casiodoro de Reina hizo su maravillosa traducción bíblica al castellano, el episodio de la viuda que entrega las dos moneditas, está narrado como que la mujer vino al "gasofilacio" y entregó "dos minutos". Imagínese a un pastor de la posmodernidad diciéndoles a sus feligreses que, cuando los ujieres les lleven los gasofilacios para recoger la ofrenda, por favor no vayan a echar pocos minutos. Hace cuatrocientos años, para los españoles, minuto quería decir una cosa de poco valor; "eso no vale ni un minuto", decían; y, por eso, a las monedas más chicas las llamaban minutos. En latín, minuto es "minucia".

Hoy, si una persona quisiera entregar un par de minutos, talvez le arrancaría a su reloj las manecillas para echarlas dentro de lo que todavía algunos llaman –en un arabismo– "alfolí". En 1909, la revisión decía que la viuda fue hasta el arca de las limosnas y entregó dos "blancas". A principios del siglo XX, en España, una blanca era una moneda de poco valor. La versión que estamos utilizando –esto es solo un ejemplo– dice que la viuda pobre fue al arca de las ofrendas y entregó "dos moneditas de cobre".

Hechas estas aclaraciones, trataremos de hablar, ahora sí, de los tres aspectos positivos ya mencionados en relación al dominio propio. San Pablo observa que Dios no nos ha dado espíritu de temor o de cobardía; el hecho de tener dominio propio no significa que, cuando tengo que hablar, voy a callar. No se confunda dominio propio con cobardía, pues significan cosas muy distintas, como ahora lo veremos. Tendremos, pues, tres breves acápites sobre esta virtud que se llamó primero longanimidad, después templanza; y que, sencillamente, significa dominio propio.

IDEAS ERRÓNEAS

Hay varias cosas que no hacen parte del dominio propio, aunque mucha gente lo entienda, lo predique y lo practique así. Por ejemplo:

No es aguantar hambre

Algunos piensan que, para tener dominio propio, uno debe privarse de la buena mesa, que consumir alimentos de calidad y buen sabor es pecaminoso; que el hecho de ser –digamos así– un poquito *gourmet*, o gustar de la buena cocina es una falta terrible delante de Dios.

> ¡Anda, come tu pan con alegría!
> Eclesiastés 9:7a

Aquí dice la propia Palabra del Señor que debes comer tu pan con alegría. El que escribe es Salomón en persona, quien disfrutaba una mesa muy sofisticada y hacía banquetes con frecuencia. Comer el pan con alegría, disfrutar la mesa como una bendición de Dios no es ir en contra del dominio propio. Buena mesa no significa gula.

No es ser abstemio

En la propia Palabra de Dios –bueno es aclararlo– el vino no es una bebida alcohólica sino un complemento alimenticio. Los judíos, como los pueblos del Mediterráneo en general, y como en el sur del continente americano los chilenos y argentinos, toman vino con los alimentos porque una pequeña porción ayuda a los efectos digestivos del organismo, es muy saludable, está demostrado. Hace parte de la llamada "dieta mediterránea", que se está imponiendo rápidamente en el mundo entero.

> v. 7b ¡Bebe tu vino con buen ánimo, que Dios
> ya se ha agradado de tus obras!

Salomón dice que consumas el vino con alegría y buen ánimo, como acompañamiento de ese pan que estás comiendo. Por supuesto, si voluntariamente quieres hacerlo; tampoco es obligatorio. La temperancia sobre bebidas alcohólicas –en sí misma muy aconsejable– es una costumbre que llegó a los cristianos de todo el mundo desde los Estados Unidos, porque, en buena parte del siglo XIX, la mayoría de la población consumía bebidas embriagantes, hasta el punto de que ese país era la primera potencia alcohólica del mundo.

Hombres de Dios sabios y santos querían que la iglesia no se contaminara con la vulgaridad de las borracheras comunitarias, y crearon el movimiento de la austeridad que tuvo en John Wesley, Charles Finney y otros importantes siervos de Dios sus más fuertes promotores. Un cristiano no debería tomar ni una sola gota de alcohol, ¿por que? Porque quedaba clasificado en la misma viciosa categoría de todos los borrachos de la sociedad americana en general.

Esa posición extrema era necesaria en ese momento; y fue tan importante, que aún el gobierno mismo dictó la famosa "ley seca". Desgraciadamente, el resultado final de tan buenas intenciones fue el surgimiento de grandes contrabandistas y mafiosos que tuvieron en la *cosa nostra* su máxima representación. Como se ha dicho razonablemente, "la prohibición es causa del apetito". Esa temperancia de corte algo puritano llegó hasta nosotros en el sur, por medio de misioneros anglosajones, procedentes de denominaciones afiliadas al llamado "movimiento de la santidad" que trajeron esa y otras costumbres de exagerado legalismo. Algunos llevaron las cosas al extremo de afirmar que, en las bodas de Caná, Jesús convirtió el agua en jugo natural de uva. ¿Nunca leyeron el evangelio?

> Porque vino Juan, que no comía ni bebía, y ellos dicen: "Tiene un demonio." Vino el Hijo del hombre, que come y bebe, y dicen: "Éste es un glotón y un borracho, amigo de recaudadores de impuestos y de pecadores."
> Mateo 11:18– 19

Habla el mismo Jesús sobre lo que decían de él. La versión tradicional no dice "glotón y borracho", sino "comilón y bebedor de vino", que significa lo mismo. A Jesús lo acusaban de eso con mucha injusticia, porque él utilizaba el vino como complemento alimenticio, según lo hacían todos en su época. Dominio propio no es ser abstemio.

No es vestir mal

Subsiste en vastos sectores del cristianismo la idea medieval de que un traje raído y sucio es una muestra segura de santidad. Nada más equivocado, como es fácil advertirlo en la propia Biblia:

Que sean siempre blancos tus vestidos.
ECLESIASTÉS 9:8a

Vestirse de blanco en la época de Salomón era signo de elegancia; el que se vestía de blanco lucía en realidad de gala. El autor de Eclesiastés utiliza así una forma de expresar que siempre debemos estar decorosamente vestidos. No de harapos, no con remiendos, como mucha gente piensa que hay que hacerlo para agradar a Dios, cuando él quiere que tengamos vida de calidad.

Charles Spurgeon, el más grande predicador inglés, era un tipo que vestía muy bien y cierto día llegó a la iglesia estrenando una preciosa corbata; una señora de las que sabemos se acercó al final y le dijo: –Pastor, ¿me permite quitarle algo que le está sobrando? –Claro, señora, con mucho gusto. Entonces ella sacó unas tijeras y le cortó la corbata. Como respuesta, Spurgeon le dijo: –Déme las tijeras, que yo también voy a cortarle algo que a usted le sobra. Ella sufrió pensando en la preciosa bufanda de marca que se estaba estrenando; pero, para su sorpresa, Spurgeon le dijo: –¡Saque la lengua! Dominio propio no significa, pues, lucir desaliñado, como algunos adolescentes de hoy en día a quienes en cualquier momento se les van a escurrir los pantalones. Están muy equivocados algunos cristianos en materia de dominio propio en el vestuario.

No es falsa modestia

Muchos llevan las cosas a extremos inverosímiles: yo he oído a predicadores afirmar, con toda seriedad, en tono sentencioso, que el cristiano no debería usar lociones ni perfumes.

Que no falte nunca el perfume en tus cabellos.
ECLESIASTÉS 9:8b

Recién convertido a la fe cristiana, yo seguí con la sana costumbre de usar loción después de afeitarme; aún lo hago, pues todavía rasuro las partes de mi rostro alrededor de la barba. Por aquella época, un pastor me dijo, muy cariacontecido y sentencioso: –¿Por qué huele tanto, hermano? Yo le respondí, también preguntando: –¿Huelo mal? ¿Soy olor fragante para vida, o soy olor de muerte para muerte, como dice San Pablo? Algunos creen que si las señoras se perfuman o los varones usan colonia, van al infierno en forma directa. Por cierto, en el Evangelio encontramos una lección sobre este asunto.

> Seis días antes de la Pascua llegó Jesús a Betania, donde vivía Lázaro, a quien Jesús había resucitado. Allí se dio una cena en honor de Jesús. Marta servía, y Lázaro era uno de los que estaban a la mesa con él. María tomó entonces como medio litro de nardo puro, que era un perfume muy caro, y lo derramó sobre los pies de Jesús, secándoselos luego con sus cabellos. Y la casa se llenó de la fragancia del perfume.
>
> Judas Iscariote, que era uno de sus discípulos y que más tarde lo traicionaría, objetó:
>
> ¿Por qué no se vendió este perfume, que vale muchísimo dinero, para dárselo a los pobres?
>
> Dijo esto, no porque se interesara por los pobres sino porque era un ladrón y, como tenía a su cargo la bolsa del dinero, acostumbraba robarse lo que echaban en ella.

Déjala en paz —respondió Jesús—. Ella ha estado guardando este perfume para el día de mi sepultura. A los pobres siempre los tendrán con ustedes, pero a mí no siempre me tendrán.

JUAN 12:1–8

Todo comentario sobra. La Biblia no dice lo que queramos que diga, solo dice lo que dice. Punto final.

No es abstinencia sexual

Ya es hora de que la iglesia evangélica actualice su visión en materias sexuales. No es posible seguir con las ideas que provienen del viejo gnosticismo y que han causado estragos sobre todo en la juventud.

Goza de la vida con la mujer amada cada día de la fugaz existencia que Dios te ha dado en este mundo. ¡Cada uno de tus absurdos días! Esto es lo que te ha tocado de todos tus afanes en este mundo.

ECLESIASTÉS 9:9

El sexo fue creado por Dios. Francis Schaeffer es uno de los más grandes teólogos no liberales del siglo XX; él dijo que las iglesias han creado un tabú sobre el sexo y ni siquiera se menciona el tema erótico en los sermones, abriendo así un espacio a la pornografía. Pero el sexo es una necesidad real de la gente y la iglesia tiene que interpretarla a la luz de las Sagradas Escrituras y siempre en defensa de la pureza. Recapitulemos lo dicho por Salomón:

- Comer el pan con alegría

- Beber el vino con buen ánimo
- Estar bien vestido
- Usar loción
- Gozar con la mujer.

¿Por qué razón? "Porque Dios ya se ha agradado de tus obras". Cuando mis obras son agradables a Dios, él me bendice con todas esas cosas bellas. Y mira el remate: "Esto es lo que te ha tocado de todos tus afanes en este mundo".

IDEAS CORRECTAS

Para tener una perspectiva real sobre el dominio propio, conviene revisar las enseñanzas del apóstol San Pedro, verdadero experto en el tema que nos ocupa, al cual dedica buena parte de sus escritos:

> Ya se acerca el fin de todas las cosas. Así que, para orar bien, manténganse sobrios y con la mente despejada.
>
> 1 PEDRO 4:7

El apóstol no dice "manténgase ascéticos" sino "sobrios". Hay personas que confunden sobriedad con ascetismo porque tienen una mentalidad católico–romana a lo Pedro Claver. Con todo respeto, el ascetismo no hace parte de la fe cristiana; la sobriedad sí, pero no el ascetismo. Obsérvese la diferencia entre los hinduistas y nosotros: ellos dicen que, como la sociedad está corrompida, yo me tengo que aislar de la sociedad para no contaminarme. Pero Jesús no dice eso; sino, por el contrario, que yo soy oveja –animal gregario– de un rebaño y tengo que vivir en comunidad con los demás; que debo amarlos y soportarlos, y ellos me tienen que amar y soportar, porque pertenecemos a la misma manada, de la cual, el propio Jesús es el pastor.

El apóstol Pedro dice que seamos sobrios para tener la mente despejada. Pedro es el escritor que, tal vez, más se refiere al dominio propio. Varias veces habla de la justa medida, del equilibrio, del balance que debe tener la vida cristiana. La confusión entre sobriedad y ascetismo genera una discusión entre cristianismo e hinduismo. Los cristianos no somos faquires, sino personas normales que llevamos vidas sobrias, con dominio propio para agradar a Dios. Ascetismo no es cristianismo. Con las ideas de Pedro vamos a desarrollar entonces algunos puntos de dominio propio rectamente entendido.

Dominio propio en la comida

Cuando la Biblia dice que podemos disfrutar de la buena mesa, no está autorizando los excesos en comida y bebida, los festines y las comilonas al estilo romano.

> Los alimentos son para el estómago y el estómago para los alimentos»; así es, y Dios los destruirá a ambos.
>
> 1 Corintios 6:13a

Desgraciadamente, y aún en grupos cristianos, hay personas que viven para comer en lugar de comer para vivir. La gula es un pecado capital, la glotonería es un atentado contra nuestro propio cuerpo. Cuando tú comes más de lo que necesitas, caes en pecado; y cuando comes lo que sabes que le hace daño a tu cuerpo, porque lo enferma, estás pecando gravemente, pues tu cuerpo es el templo del Espíritu Santo.

Sobriedad en la comida no contradice lo dicho ya por Salomón sobre comer el pan con alegría. No se trata de comer mal, sino de comer bien lo necesario; no incurrir en excesos, no abusar de la salud con lo que se come. Nunca olvides que pecado es todo lo que te hace daño.

Dominio propio en la bebida

Para que no vayan a quedar confusiones sobre el tema y nadie me acuse de estar promoviendo las bebidas alcohólicas entre cristianos, citaré la escritura que describe con pelos y señales la "resaca", como dicen en México; o "cruda" en Argentina; o "guayabo" en Colombia.

> ¿De quién son los lamentos? ¿De quién los pesares? ¿De quién son los pleitos? ¿De quién las quejas? ¿De quién son las heridas gratuitas? ¿De quién los ojos morados? ¡Del que no suelta la botella de vino ni deja de probar licores! No te fijes en lo rojo que es el vino, ni en cómo brilla en la copa, ni en la suavidad con que se desliza; porque acaba mordiendo como serpiente y envenenando como víbora. Tus ojos verán alucinaciones, y tu mente imaginará estupideces. Te parecerá estar durmiendo en alta mar, acostado sobre el mástil mayor. Y dirás: «Me han herido, pero no me duele. Me han golpeado, pero no lo siento. ¿Cuándo despertaré de este sueño para ir a buscar otro trago?»
>
> PROVERBIOS 23:29–35

Estas duras palabras sobre las borracheras y sus efectos, las ha escrito el mismo que dijo "bebe tu vino con buen ánimo". Equilibrio y balance. El apóstol San Pablo es quien dice con claridad: "Los borrachos no heredarán el Reino de Dios"; sin embargo, a Timoteo, que estaba enfermo del estómago, le recomienda no tomar agua que puede estar contaminada; sino, más bien, un poco de vino a causa de sus trastornos intestinales. Equilibrio y balance. En el caso de Pablo, como en el de Salomón, no hay contradicción entre una escritura y otra, sino que los dos conceptos se complementan en ambos. Equilibrio y balance, eso es la vida cristiana correcta.

Dominio propio en el vestuario

Ya hemos visto que Salomón recomienda al varón vestir bien, lo cual ratifica respecto de la mujer en una forma que no admite torcidas interpretaciones:

> Y se viste de púrpura y lino fino.
> PROVERBIOS 31:22b

Al describir a la mujer que agrada a Dios, a la mujer virtuosa, la Biblia no dice que se viste de harapos sino con elegancia. Pero no hay que confundir elegancia con ostentación, pues se trata cabalmente de lo contrario: Elegancia es sencillez. Ello no quiere decir que la mujer que no tiene recursos para ir a una boutique, o para vestirse con ropa de marca, o para contratar a un modisto, no puede ser elegante. La elegancia no es riqueza; conozco a gente pobre pero muy elegante; y, también, a ricachones desastrosamente ataviados. Por otra parte, muchos confunden elegancia con vanidad. Hay, también, escrituras bíblicas muy mal entendidas y peor aplicadas sobre este punto. Veamos un caso.

Que la belleza de ustedes no sea la externa, que consiste en adornos tales como peinados ostentosos, joyas de oro y vestidos lujosos. Que su belleza sea más bien la incorruptible, la que procede de lo íntimo del corazón y consiste en un espíritu suave y apacible. Ésta sí que tiene mucho valor delante de Dios.

1 PEDRO 3:3–5

Pero yo me pregunto ¿esas santas mujeres de la antigüedad no usaban joyas ni buena ropa? ¿Cómo se vestían aquellas santas mujeres que esperaban en Dios estando sujetas a sus maridos?

Cuando los camellos terminaron de beber, el criado tomó un anillo de oro que pesaba seis gramos, y se lo puso a la joven en la nariz; también le colocó en los brazos dos pulseras de oro que pesaban más de cien gramos.

GÉNESIS 24:22

Este episodio ocurre cuando el padre de la fe envía a su criado Eliécer al actual Irak a traer a Rebeca para esposa de su hijo Isaac; y, para que usted se de cuenta la clase de suegro que era Abraham, repare en los suntuosos regalos que envió para su futura nuera. ¿Qué es, pues, lo que quiere decir Pedro? No que las damas no usen adornos exteriores, que pueden hacerlo con discreción; sino, sobre todo, que la belleza, más que la de afuera, sea la de un corazón sometido a Dios. Hay que poner en orden las cosas, pues algunos piensan, erróneamente, que, para poder agradar a Dios, la mujer tiene que esforzarse por lucir fea.

El cristianismo es equilibrio y balance; en este caso, discreción en la manera de vestir y adornarse. Porque, dicho sea de paso, también suele uno encontrarse algunas por ahí que andan vestidas –o desnudas– en este mundo pornográfico en el que vivimos; y que, al verlas pasar a la ligera, alcanza a leer sobre sus frentes un letrero que anuncia: "Esto se alquila". Reina Valera llamaba justamente a esa clase de vestimenta "atavío de ramera". Dominio propio es discreción.

Dominio propio en las riquezas

Las riquezas materiales son objeto de minuciosos análisis en las Sagradas Escrituras; sobre todo, el apóstol San Pablo nos entrega valiosas enseñanzas al respecto:

> A los ricos de este mundo, mándales que no sean arrogantes ni pongan su esperanza en las riquezas, que son tan inseguras, sino en Dios, que nos provee de todo en abundancia para que lo disfrutemos.
>
> 1 TIMOTEO 6:17

Ah, pero yo temo que, al disfrutar mis riquezas, pierda el dominio propio. Es un temor explicable, pues el dinero siempre es peligroso. Pero ¿qué nos comenta, en este particular, el magistral apóstol de los gentiles? A renglón seguido, ofrece la fórmula ideal:

> Mándales que hagan el bien, que sean ricos en buenas obras, y generosos, dispuestos a compartir lo que tienen. De este modo atesorarán para sí un seguro caudal para el futuro y obtendrán la vida verdadera.
>
> 1 TIMOTEO 6:18–19

Está el apóstol dándole instrucciones a su discípulo sobre cómo lidiar con los ricos de la iglesia y, por cierto, no le dice: "Échalos fuera", sino enséñales a no ser altivos, a no descansar sobre la arena insegura de las riquezas, sino en la Roca Eterna, ese Dios que les da abundancia económica para que gocen de ella. Es obvio que, para disfrutar las riquezas hay que tener un gran dominio propio. Los ricos deben dedicarse a hacer el bien, ser realmente ricos en generosas obras, estar dispuestos a compartir de los tesoros que poseen, como una buena manera de comprar la póliza del seguro de vida eterna.¿Dónde está en las Sagradas Escrituras la prohibición de poseer bienes materiales? Yo no la he encontrado por ninguna parte; y, en mi caso personal, cuando era muy rico en términos reales, el Señor me despojó de todo, por lo cual le guardo gratitud.

Pero, sabiendo que el dinero es peligroso para un dirigente espiritual, pedí colocar en los Estatutos de mi iglesia –y así se hizo en efecto– una disposición clara y directa: tanto el presidente como todos los ministros al servicio de esta congregación, cada año se presentarán ante notario y harán una declaración juramentada sobre sus finanzas y las de sus esposas. San Pablo me enseñó desde temprano que, los que quieren enriquecerse con el Evangelio, tienen mala conciencia y son corruptos. Pero debo dar fe de que los miembros de la Junta Directiva que fijaron mi salario se preocuparon siempre de que nunca me faltara lo necesario ni tuviera la tentación de retirarme, o mezclar mis actividades ministeriales con algún trabajo secular.

La teología de la miseria es una falsedad, la teología de la prosperidad es una exageración; lo único cierto, el equilibrio y balance, el dominio propio económico está en la ética protestante del trabajo; según la cual, Dios bendice la obra de nuestras manos e inteligencias, y, si cumplimos con El, nos dará prosperidad.

En una región como la América Latina, donde cada día crece en forma galopante la injusticia social, será bueno un poco de dominio propio del que enseña Pablo sobre los bienes materiales para tratar de corregir esa situación, antes que la democracia sea exterminada por completo.

Dominio propio en el sexo

No hace falta decir que, en esta delicada materia, el ejemplo insuperable es José, el hijo de Jacob. Su edificante historia –que ha sido magistralmente tratada por Thomas Mann– es clásica de la literatura religiosa, política, psicológica y erótica, y no requiere muchas interpretaciones. Es clara y directa en sí misma:

> José tenía muy buen físico y era muy atractivo. Después de algún tiempo, la esposa de su patrón empezó a echarle el ojo y le propuso: –Acuéstate conmigo.
>
> GÉNESIS 39:6b–7

Un joven atractivo e inteligente es objeto de acoso sexual por parte de la esposa de su patrón. Ocurre hoy, igual que en la remota época de los faraones. Casi siempre, en términos del mundo, el joven acosado termina en la red de la mujer acosadora. El razonamiento elemental es que, acostándose con la señora, se asegura el empleo. Pero hay valores superiores por los cuales vale la pena resistir la tentación:

> vv. 8–10 Pero José no quiso saber nada, sino que le contestó:

–Mire, señora: mi patrón ya no tiene que preocuparse de nada en la casa, porque todo me lo ha confiado a mí. En esta casa no hay nadie más importante que yo. Mi patrón no me ha negado nada, excepto meterme con usted, que es su esposa. ¿Cómo podría yo cometer tal maldad y pecar así contra Dios?

Y por más que ella lo acosaba día tras día para que se acostara con ella y le hiciera compañía, José se mantuvo firme en su rechazo.

Del relato bíblico se desprende que la telenovela de suspenso erótico duró por un buen tiempo: la acosadora acosando y el acosado resistiendo. Finalmente, José nos ofrece el ejemplo de dominio propio más edificante que se conoce: salir corriendo ante la inminencia de una caída.

vv. 11–12 Un día, en un momento en que todo el personal de servicio se encontraba ausente, José entró en la casa para cumplir con sus responsabilidades. Entonces la mujer de Potifar lo agarró del manto y le rogó: «¡Acuéstate conmigo!» Pero José, dejando el manto en manos de ella, salió corriendo de la casa.

El resto de la historia lo conocemos bien. Cuando llega su esposo, ella le dice: "José quiso violarme y la prueba es que aquí está su manto que yo se lo alcancé a arrebatar cuando estábamos forcejeando". José fue conducido a una cárcel de alta seguridad, como un delincuente. ¿Qué pasó con él, a la larga? Llegó a ser el primer ministro de la superpotencia de ese tiempo –que era Egipto– gracias a su integridad y su dominio propio en materia de sexo. Y, dicho sea de paso, Dios lo premió con una esposa bella y virtuosa, que le dio dos hijos. Un muchacho de hoy diría: "Listo, tengo en mi mano la clave maestra; me acuesto con la mujer del jefe y escalo posiciones". La explotación del sexo es una de las más grandes mercancías del comercio humano. Pero es buen negocio la pureza: José, por haberla defendido, terminó acumulando en sus manos prácticamente el poder de un rey.

Dominio propio en las emociones

Algo ciertamente difícil de practicar. Nuestra naturaleza pecaminosa se deja llevar fácilmente de los sentimientos, que son canalizados a través de las emociones. Solemos estallar con mucha facilidad en llanto, ira, temor, etc. Las emociones son algo natural.

> Si se enojan, no pequen.
> Efesios 4:26a

Hay quienes piensan que la ira es pecado en sí misma. No es cierto. La ira como toda emoción, es una defensa psicológica que Dios nos da. "Si se enojan, no pequen", significa sencillamente que hay ira pecaminosa y hay ira santa. Lo que hace que la ira sea pecaminosa son su motivación y su expresión. Si es por motivos legítimos puedes enojarte sin pecar; pero, si tu ira es destructiva con palabras o con acciones, es necesariamente pecaminosa. Por mucho dominio propio que uno tenga, a veces es inevitable el enojo. Aquí hay una fórmula maravillosa:

> v. 26b No dejen que el sol se ponga estando aún enojados.

Como quien dice, no se vayan a la cama con la basura del enojo acumulada en su corazón porque se puede enquistar en su inconsciente y, de ser así, causará una raíz de amargura que más adelante se manifestará en su vida. Si no pudo evitar un enojo, reconcíliese con esa persona antes de ir a la cama, según la terapia paulina. ¿Qué más dice?

v. 27 Ni den cabida al diablo.

Cuando la ira es destructiva, o cuando tiene mala motivación; y, claro está, si no te reconcilias después de estar enojado, el que sale ganando es directamente Satanás, quien toma partido de tu enojo pecaminoso. Una buena consigna es: "ponle cerrojo al enojo".

Dominio propio en la palabra

Esta porción de Efesios contiene una enumeración de normas prácticas sobre vida y conducta. Aparte de enseñarnos a lidiar con el enojo, como ya lo hemos visto, se ocupa de otros temas importantes, entre ellos, la palabra.

v. 29 Eviten toda conversación obscena. Por el contrario, que sus palabras contribuyan a la necesaria edificación y sean de bendición para quienes escuchan.

La idea central es que, cuando nos oiga, la gente sea bendecida; no que se envenene, ni que la maldiga lo que decimos. Es básico el dominio propio en las palabras. A veces hablamos cuando tenemos que callar y callamos cuando tenemos que hablar, pero la llave del silencio y la llave de la palabra no son simultáneas sino alternativas; por eso,

Salomón dice "hay tiempo de hablar y tiempo de callar". Suena de Perogrullo, pero callar cuando hay que callar y hablar cuando hay que hablar es el secreto. Dominio propio en la palabra no es renunciar al deleite que produce el arte de la conversación.

LA LIBERTAD DE CONCIENCIA

Algunos piensan que el dominio propio tiene relación en todos los casos con la libertad de conciencia y esa es una percepción parcial. El gran marco teórico sobre este tema ha sido dado, en forma admirable, por el apóstol Pablo

> Todo me está permitido, pero no todo es para mi bien. Todo me está permitido, pero no dejaré que nada me domine.
> 1 CORINTIOS 6:12

Algunos leen eso textualmente y lo entienden literalmente. Como lo he repetido hasta el cansancio, las Sagradas Escrituras son siempre inerrables pero no literales en todos los casos y se comete un error al interpretarlas de tal manera. Inerrable no quiere decir literal. En este caso, donde dice "todo", ¿qué es todo? Absolutamente todo sin excepción? No, usted no puede decir: "Absolutamente todo me está permitido"; ello significaría que está permitido el adulterio, permitido el robo, etc. No. El apóstol se refiere a todo lo que no está reglamentado en la Biblia. La libertad de conciencia se mueve dentro de lo que no está expresamente dicho en las Sagradas Escrituras.

Veamos: la Biblia contiene órdenes directas impositivas y prohibitivas: Haz esto, no hagas aquello. Todo lo que está ordenado de tal manera es de obligatorio cumplimiento. La libertad de conciencia no permite, por ejemplo, abandonar a la esposa para irse con otra mujer. Nadie se puede emborrachar dentro de la libertad de conciencia. Hay cosas ordenadas y cosas prohibidas en las cuales no opera la libertad de conciencia, sino el mandato directo de Dios.

Dice muy bien Pablo que "todo me está permitido" pero añade "no todo es para mi bien". Una cosa que no sea para mi bien, aunque esté permitida, no la debo hacer. No me conviene hacerla aunque está permitida. ¿Qué más dice después? Hay unas cosas que son permitidas y que pueden ser para mi bien, pero yo no dejaré que me dominen. Aunque sean cosas permitidas y aunque, incluso, convengan, yo practicaré el dominio propio. Hay tres preguntas que uno debe hacerse en todo caso:

1. ¿Es necesario?

2. ¿Es conveniente?

3. ¿Es oportuno?

En el marco de la libertad de conciencia el asunto no es tan simple, porque hay varias clases de conciencia. ¿Para qué clase de conciencia opera la libertad? Vamos a mirar en la Biblia la tarifa diferencial de valores que permite discernir las conciencias:

La buena conciencia

Ha sido llamada, también, recta conciencia y conciencia limpia. Es el faro que guía la conducta a puerto seguro en todos los casos.

Debes hacerlo así para que el amor brote de un corazón limpio, de una buena conciencia y de una fe sincera.

1 TIMOTEO 1:5

La buena conciencia es fruto de amor, corazón limpio y fe sincera. Digámoslo así: el amor, el corazón limpio y la fe sincera producen una buena conciencia. ¿Qué es la buena conciencia? Una lámpara interior que nos guía en la voluntad de Dios.

La conciencia débil

La debilidad de la conciencia es un tema de fuertes discusiones entre cristianos. ¿Qué es una conciencia débil? ¿Es pecado tener débil la conciencia?

Pero no todos tienen conocimiento de esto. Algunos siguen tan acostumbrados a los ídolos, que comen carne a sabiendas de que ha sido sacrificada a un ídolo, y su conciencia se contamina por ser débil.

1 CORINTIOS 8:7

Según una prohibición expresa de los apóstoles en el Primer Concilio de Jerusalén –que fue presidido por Jacobo y no por Pedro–, los cristianos no podían comer la carne de los animales que habían sido sacrificados a los ídolos. En Roma –y no sólo en la ciudad sino en todo el imperio– diariamente se sacrificaban animales a los ídolos: a Júpiter, Marte, Diana, etc; y esa carne se consumía en los hogares. Había carnicerías o famas junto a los templos, donde se vendía la carne de los sacrificios paganos. En esas condiciones, era prácticamente inevitable que, algunas veces, los inconversos invitaran a los cristianos a una casa y les sirvieran de esa carne.

¿Cuál es la instrucción de Pablo? Si le ponen algo al frente, cómalo sin preguntar nada por motivos de conciencia; pero, a veces, las personas que acababan de convertirse al cristianismo tenían conciencia débil, comían esa carne y, después, cuando les informaban que había sido sacrificada a los ídolos, se derrumbaban en la culpabilidad y hasta pensaban –supongo– que habían perdido la salvación eterna por ese involuntario error. Ello significa que tenían una conciencia débil. Pero, ¡atención! "conciencia débil" no quiere decir "mala conciencia", sólo que es débil y hay que fortalecerla.

La conciencia encallecida

Significa que tiene callos. (No "a la madrileña" desgraciadamente) Las personas que adolecen de este defecto, no tienen los callos en los pies sino en la conciencia. No deben ir a que les hagan un "pedicure"; lo que necesitan es un "conciencicure" para quitarles los callos interiores.

> Tales enseñanzas provienen de embusteros hipócritas, que tienen la conciencia encallecida.
> 1 TIMOTEO 4:2

Los falsos maestros tienen la conciencia encallecida, insensible, dura. Casiodoro de Reina y Cipriano de Valera no dijeron "encallecida", sino "cauterizada", lo cual está bien. Ambas expresiones son maneras válidas de mostrar cómo está la conciencia: sea cauterizada, sea encallecida, significa que es una conciencia insensible, dura. La misma carta aclara quiénes son esas personas:

> v. 1: El Espíritu dice claramente que, en los últimos tiempos, algunos abandonarán la fe para seguir a inspiraciones engañosas y doctrinas diabólicas.

Actualmente abundan, por desgracia, los que mezclan el cristianismo con elementos extraños, que no pertenecen a la estructura bíblica; ellos, sin dudas, tienen la conciencia encallecida y cauterizada. Algunas de sus características los definen bien:

> vv. 3–4 Prohíben el matrimonio y no permiten comer ciertos alimentos que Dios ha creado para que los creyentes, conocedores de la verdad, los coman con acción de gracias. Todo lo que Dios ha creado es bueno, y nada es despreciable si se recibe con acción de gracias.

Que no comas carne de cerdo, que tienes que volverte vegetariano; y, además, que no te cases porque el celibato es el estado superior del hombre. Las personas que predican e imponen eso, tienen la conciencia encallecida. Últimamente ha surgido un espíritu de poligamia que ya empieza a erosionar grupos cristianos. Pasando por alto la orden expresa de que el siervo de Dios debe ser "marido de una sola mujer", hay algunos mormonistas infiltrados en iglesias evangélicas anunciando una "nueva revelación", según la cual, el hombre puede tener hasta cinco mujeres en forma simultánea. Cosa que, desde luego, ya algunos de estos predicadores venían practicando en secreto. Tales personas tienen la conciencia encallecida.

La conciencia corrompida

Tocamos fondo, como diría el buzo. Recta conciencia, conciencia débil, conciencia encallecida y, finalmente, conciencia corrompida. Unos colores bien definidos en la gama espiritual. La conciencia corrompida se muestra en la malicia, tanto de las palabras como de las actitudes y la propia acción.

> Para los puros todo es puro, pero para los corruptos e incrédulos no hay nada puro. Al contrario, tienen corrompidas la mente y la conciencia.
>
> TITO 1:15

La mente y la conciencia trabajan juntas, para bien y para mal. Si tienes una mente corrompida, tendrás una conciencia corrompida; pero una mente pura es aliada de una conciencia pura. Hace algunos años visité las oficinas de la Cadena Cristiana de Difusión y del periódico Desafío, que dirigía mi inolvidable amigo Lindsay Christie, situadas en un lugar de la capital colombiana que era muy bueno antes, pero se había dañado. A dos edificios de distancia funcionaba uno de esos burdeles a los que llaman, en un eufemismo, "casas de citas"; y, por eso, ya se había decidido trasladar las oficinas de ese ministerio cristiano a otro sector de la ciudad.

Cierto día un respetabilísimo, transparente y santo hombre de Dios, el hermano Aristóbulo Porras, que ya tenía 89 años, fue víctima de una lamentable confusión. Mientras lo esperaban para una reunión en la oficina de Lindsay, llegó un hombre y dijo ante todos los desprevenidos circunstantes: —Ustedes no me van a creer lo que he visto con estos ojos que se ha de comer la tierra: el pastor Aristóbulo Porras se acaba de meter a la casa de rameras que está ahí enseguida. Era verdad.

Aún no terminaba este hombre de echar el chisme, cuando entró don Aristóbulo al recinto y dijo: –Oiga, hermano Lindsay, hay que mudarse rápidamente de aquí porque este lugar se ha vuelto muy peligroso. Imagínese que me equivoqué de puerta y he ido a parar a donde unas vagabundas. Bien dijo Pablo: para los puros todo es puro, pero para los corruptos e incrédulos no hay nada puro, pues tienen la mente y la conciencia corrompidas.

La libertad de conciencia –para que quede bien claro– no autoriza a nadie a decir: "Yo haré lo que me dé la gana"; la libertad de conciencia no funciona para los que tienen conciencia encallecida y conciencia corrompida, es solo para los que tienen buena conciencia. Por su parte, los de conciencia débil deben fortalecerla; todos, a veces, flaqueamos y, si la conciencia no está fuerte, nos sentimos culpables por cualquier tontería.

La palabra griega empleada por San Pablo para definir esta virtud es *"enkrateia"*, que significa, ni más ni menos, "moderación de los apetitos y pasiones".El dominio propio se parece al manejo de un automóvil: hay que aprender a maniobrar el timón para dar la dirección correcta; el acelerador y el freno, para graduar velocidad y paradas; la palanca de cambios, según necesidad.

En el intenso tráfico de la vida humana, cada ser –cada carro, no importa su modelo y año– debe atender correctamente las señales, guardar las distancias, respetar los semáforos, ceder el paso o tomarlo, encender las luces adecuadas, graduar los espejos, virar a izquierda o derecha, dar reversa si es inevitable; hacer uso del parqueo en caso necesario; y, así mismo, atender a los tableros para surtir gasolina, aceite y líquidos cuando sea oportuno; hacer las revisiones de millaje correspondientes, renovar la matrícula, pagar los peajes y mantener vigente la póliza de seguros.

Todas estas previsiones harán que el curso de nuestro "automóvil vital" por las congestionadas carreteras de la Aldea Global transcurra sin accidentes, aunque se vea, a veces, en atascos y otras situaciones incómodas.

CONCLUSIÓN
(COSECHA)

Buenos Aires, Argentina, 1989. Multitudinaria reunión evangelística en un cine del barrio Morón. Entre uno y otro himno de alabanza, el ministro encargado hace un anuncio que me toma por sorpresa: "En algunos minutos se dirigirá a ustedes el pastor colombiano Darío Silva–Silva". Entre bambalinas, de rodillas, pido la unción del Espíritu Santo. Un "pibe" me entrega una taza de mate caliente, a tiempo que dice:

–Hermano, el Señor lo ha traído en una fecha muy especial para nosotros: hoy es veintiuno de septiembre, día de la primavera.

Respuesta de Dios. Dentro de mí, la voz del Espíritu Santo es bien clara: "En las sillas de este teatro hay personas en verano: sufren calor y sed. Algunas, por el contrario, viven en el invierno: sienten frío y no tienen cobijo. Otras están en otoño: son árboles desnudos, sin hojas ni frutos. Preséntate al escenario y diles que Yo Soy la primavera espiritual".

Mi improvisado sermón de aquel día es uno de los mejores que he pronunciado en veinte años de predicación, pues encendió la luz de la esperanza en una época de oscuras dificultades argentinas y latinoamericanas. El tema fue sencillo: siembra, producción y recolección.

Entre variadas citas literarias, recité un poema de Antonio Machado cuyo tema tiene mucho qué ver con este libro:

A UN OLMO SECO

Al tronco viejo, hendido por el rayo
Y en su mitad podrido,
Con las lluvias de abril y el sol de mayo
Algunas hojas verdes le han salido.
El olmo centenario en la colina
Que lame el Duero; un musgo amarillento
Le mancha la corteza blanquecina
Al tronco carcomido y polvoriento.

No será cual los álamos cantores
Que guardan el camino y la ribera
Habitados de pardos ruiseñores;
Ejército de hormigas en hilera
Va trepando por él, y en sus entrañas,
Urden sus telas grises las arañas.

Antes que te derribe, olmo del Duero,
Con su hacha el leñador, y el carpintero
Te convierta en melena de campana,
Lanza de carro o yugo de carreta;
Antes que rojo en el hogar, mañana,
Ardas de alguna mísera caseta
Al borde de un camino;
Antes que te descuaje un torbellino
O tronche el soplo de las Sierras Blancas;
Antes que el río hasta la mar te empuje
Por valles y barracas,
Olmo, quiero anotar en mi cartera
La gracia de tu rama verdecida.
Mi corazón espera,
También, hacia la luz y hacia la vida,
Otro milagro de la primavera.

La Biblia enseña el sencillo y gran secreto de la fruticultura espiritual: Jesucristo es el tronco principal de la vid eterna, los creyentes somos sus ramas y el Padre es el labrador. La voluntad de Dios para sus hijos es la fructificación; él quiere que demos "fruto", "más fruto", "mucho fruto". El proceso hacia la fertilidad depende de permanecer adheridos a la vid y permitirle al Divino Labrador usar sus tijeras en la poda para desechar las hojas secas. (Juan 15:1,8)

¿Qué es, realmente, lo que llamamos madurez? La naturaleza tiene la respuesta: la característica principal de una palmera vieja y sana es que produce el fruto más dulce.

Bendiciones a todos y... ¡hasta la próxima vendimia, generación o edición! Si es la voluntad de Dios, claro.

Nos agradaría recibir noticias suyas.
Por favor, envíe sus comentarios sobre este libro
a la dirección que aparece a continuación.
Muchas gracias.

Editorial Vida
Vida@zondervan.com
www.editorialvida.com